당신은 세상에서 가장 소중한 사람입니다.

사랑하는 _____ 에게

....

....

....

드림

설교에 맛을 내는 예화4 가정

초판 1쇄 인쇄 | 2010년 4월 20일
초판 1쇄 발행 | 2010년 4월 20일

지은이 | 한치호
펴낸이 | 정신일
교　정 | 최화숙
편　집 | 최영규
펴낸곳 | 크리스천리더
주　소 | 부천시 원미구 중동 667-16 (2층)
연락처 | ☎ (032)342-1979 fax.(032)343-3567
홈페이지 | www.cjesus.co.kr
총　판 | 생명의 말씀사 (02)3159-8211
등　록 | 제2-2727호(1999. 9. 30.)
　　　　ISBN 978-89-93273-73-1 04230
　　　　ISBN 978-89-93273-63-2 (세트)

값 5,800원

저자와의 협약 아래 인지는 생략되었습니다.
이 출판물은 저작권법에 의해 보호를 받는 저작물이므로
무단전재와 무단복제를 할 수 없습니다.

■잘못된 책은 구입하신 곳에서 바꾸어 드립니다.

설교에 맛을 내는 예화 4

Preaching with good Story

[가정]

CLS 크리스천리더

추천사

설교에 맛을 내는 예화

 목회자가 하나님의 말씀을 쉽게 전달하기 위해서는 참신하고 호소력 있는 예화들이 필요하다.

 그러나 우리는 예화 자료를 얻기가 쉽지 않다. 설교를 준비해 본 사람이면 예화자료의 부족으로 한 두 번쯤은 고민해 본 경험을 갖고 있을 것이다.

 본인과 늘 가까이 대하는 좋은 후배로서, 언제나 동역자로 함께 지내오고 있는 한치호 목사가 설교자들을 돕기 위하여 하나님의 말씀 전파를 돕는 예화를 엮는다는 소식을 접하였을 때 흐뭇하였다.

 사실, 우리는 기독교 서점에 나가보면 이런 저런 형태의 예화집들을 쉽게 대하게 된다. 그럼에도 이 예화집에 기대를 거는 것은 주제별로 예화를 묶는 것에 있다.

 한가지 소재를 가지고 설교 원고를 작성했을지라도 그 주제에 꼭 알맞은 예화를 선택하는 데는 시간을 필요로 한다. 그런데 동일한 주제에 맞는 예화들을 1백편 이상 추려서 한 권의 책으로 엮는다니 얼마나 좋은 아이디어인가!

우리는 예수님께서 천국복음을 전파하실 때, 아주 적절하게 예화를 사용하셨음을 알고 있다.

본문을 풍성하게 해주는 적절하고 은혜로운 예화의 사용은 성도들에게 설교의 성패를 좌우할 수 있다.

설교에 있어서 예화의 사용은 설교의 문을 여는 역할을 하며 윤활유와 같다. 교회를 담임하고 평생을 설교를 해온 본인의 경험으로는 하나님의 말씀을 듣기 전에 대하게 되는 예화가 강단에 끼치는 영향은 매우 크다고 할 수 있다.

우선, 성도들이 설교를 이해하는데 도움을 주고, 둘째로 설교의 내용을 오래 기억하게 하며, 셋째는 설교를 되새길 수 있는 여유를 주는 까닭에 설교에 있어서 없어서는 안 되는 요소라 하겠다.

목회자들의 강단과 성도들의 은혜를 고려한 예화를 엮는 작업에 있어서 한치호 목사는 부족함 없는 사람이다.

그는 지금까지의 삶을 하나님의 종으로서 훌륭한 모습을 보여 왔기에, 그의 인품을 보아 좋은 책을 엮어 내리라고 기대하며, 즐거운 마음으로 추천한다.

2009년 12월

이충선 목사(경기노회 전노회장, 예장합동)

차 례

추천사 • 이충선 목사
설교에 맛을 내는 예화 4 가정 • 하나님이 우리에게 축복이다

1. 형제가 연합하여 동거함이

1. 사랑 받지 못한 케네디의 암살자 • *18*
2. 먼저 네 눈 속에서 들보를 빼어라 • *20*
3. 행복한 가정 • *22*
4. 세상에서 가장 아름다운 곳 • *24*
5. 불신자와 결혼 • *26*
6. 여전히 너를 사랑한단다 • *28*
7. 어머니의 손길 • *30*
8. 지극한 보살핌 • *32*
9. 지혜로운 아들 • *34*
10. 어미 곰의 사랑 • *36*
11. 하나님의 선물인 가정 • *38*
12. 가장 소중한 보물 • *40*
13. 침묵의 신비 • *42*
14. 엄마, 아빠 둘 다 필요합니다 • *44*
15. 원망과 불평이 많은 가정 • *46*
16. 자존심 때문에 파탄된 가정 • *48*
17. 행복한 부부 이야기 • *50*

18. 부부 • *52*
19. 디지레일리와 그의 하녀 • *54*
20. 감옥에도 함께 간 캐서린 • *56*
21. 믿음과 사랑이 밑거름이 되어 • *58*
22. 비행기도 못 타 본 남편 • *60*
23. 가정을 세우자 • *62*
24. 밥 태운 건 마찬가지인데 • *64*
25. 이해 • *66*

2. 약속이 있는 첫 계명이니

1. 부모님께 해드릴 10가지 수칙 • *70*
2. 글 모르는 시어머니 • *72*
3. 가정예배의 소중함 • *74*
4. 감옥에도 함께 간 캐서린 • *76*
5. 사랑도 결단해야 • *78*
6. 어머니의 사랑 • *80*
7. 아버지의 목발 • *82*
8. 딸을 기다린 어머니 • *84*
9. 딸이 쓴 청구서 • *86*
10. 사랑을 깨달을 때 • *88*
11. 쌀알을 길에 뿌리는 어머니 • *90*
12. 어머니의 목소리 • *92*
13. 믿음과 사랑이 밑거름이 되어 • *94*
14. 아들의 편지 • *96*
15. 거미의 희생 • *98*
16. 계모를 감동 시킨 효자의 마음 • *100*

17. 링컨의 아버지 상(像) • *102*
18. 며느리의 효성 • *104*
19. 무덤을 지킨 문익점 • *106*
20. 시어머니에게 간을 떼어준 며느리 • *108*
21. 아버지와 보물 상자 • *110*
22. 아버지의 영혼을 구한 딸 • *112*
23. 어머니의 사진 • *114*
24. 어머니의 지혜 • *116*
25. 영주의 효성 • *118*

3. 주의 교육과 훈계로 양육하라

1. 패륜 아버지의 죽음 • *122*
2. 할머니의 식탁 • *124*
3. 황희와 황수신 • *126*
4. 효자가 효자 아들을 둔다 • *128*
5. 효자는 하늘이 도와준다 • *130*
6. 흉내라도 좋아 • *132*
7. 목숨을 다한 효성 • *134*
8. 어머니를 모시지 못해 근심한 유성룡 • *136*
9. 자식을 죽인 손순 • *138*
10. 장애인 판사의 효도 • *140*
11. 죄수와 아들 • *142*
12. 나를 기뻐하시는 하나님 • *144*
13. 어머니의 피 흘림 • *146*
14. 어린 자녀를 살린 어머니의 사랑 • *148*
15. 어머니의 위대한 사랑 • *150*

16. 부부의 십계명 • *152*
17. 남편과 아내에게 • *154*
18. 거듭난 삶 • *156*
19. 나라를 재건한 신앙교육 • *158*
20. 대통령을 만든 어머니 • *160*
21. 레이크스의 주일학교 운동 • *162*
22. 팩슨의 주일학교 • *164*
23. 사랑의 봉사교육 • *166*
24. 인디언 교실 • *168*
25. 자식에게 일을 • *170*

4. 아이에게 가르치라

1. 교육의 실패는 모든 것의 실패 • *174*
2. 달리다 기권한 아이 • *176*
3. 자녀를 위한 기도 • *178*
4. 돼지를 잡은 아버지 • *180*
5. 백범 김구 선생의 어머니 • *182*
6. 사랑하는 자녀에게 • *184*
7. 신앙의 후손 • *186*
8. 포기하지 않은 사랑 • *188*
9. 종근당 제약과 종 • *190*
10. 천금보다 나은 교육 • *192*
11. 예수님의 자리 • *194*
12. 어머니 모니카의 기도 • *196*
13. 가장 귀한 교훈 • *198*
14. 엄한 스승이 아니면 성공하지 못 한다 • *200*

15. 쓴 맛 • *202*
16. 마귀가 나쁜 생각을 넣기 전에 • *204*
17. 자녀들을 위한 7가지 용돈교육 • *206*
18. 자녀 교육의 8가지 비결 • *208*
19. 뜨거운 눈물 • *210*
20. 록펠러의 어머니 • *212*
21. 빗나간 교육 • *214*
22. 자녀를 망가뜨리는 10가지 방법 • *216*
23. 컴백 홈(come back home) • *218*
24. 자녀의 영웅 • *220*
25. 인생을 살아갈 무기를 선물하라 • *222*

주는 나의 사랑

주는 나의 사랑
내가 주를 사랑할 때
사랑을 알았네

주는 나의 노래
나는 주 안에서
영원한 참 기쁨이 샘솟네

주는 나의 빛
주를 내가 따를 때
빛을 보네

주는 나의 생명
내가 주를 사모할 때
사망에서 건져졌네

주는 나의 전부
주가 나의 모든 것 되실 때
나, 주와 함께 있네

- 「지극히 작은 영혼의 노래」 중에서
  저자 윤의정

설교에 맛을 내는 예화4-가정

사랑의 공동체

TV 프로그램 중에 "우리 아이가 달라졌어요"라는 프로그램이 있다. 도저히 구제불능 해 보이는 아이들은 언제나 별로 어렵지 않게 고쳐지고 변화되는 것을 볼 수 있다. 엄마 아빠의 잘못된 사랑 방법으로 인해 아이가 통제불능이 되고, 그러한 아이의 모습에서 전문가가 그 문제점을 찾아내어 엄마 아빠에 몇 가지 방법을 가르쳐준다. 그 방법대로 엄마 아빠들이 아이들에게 관심을 표명하고 놀아주고 게임을 하고 말하는 것을 바꾸면 정말 신기하리만큼 아이가 달라진다.

아이들만의 문제도 아니다. 아침 프로그램인 "부부클리닉"을 보면 알콜 중독으로 35년 동안을 아내와 자식에게 고통을 주고 있는 한 남자의 이야기. 전문가들의 도움을 받아 부부가 함께 가정회복 프로그램에 참여하게 되는 모두 하나같이 어린시절 부모부터의 상처가 있는 것이다.

그것을 알게 된 아내와 자녀들이 처음으로 자기 남편과 아버지를 이해하게 되고 불쌍히 여기는 마음을 갖게 남편과 아버지에 대한 마음이 열리게 되고 서로 울면서 끌어안는다.

알콜중독, 의처증 남편의 문제도 결국은 사랑이었다. 어렸을 때 어머니로부터 충분한 사랑을 받지 못했기 때문에 삐뚤어졌고, 그

삐뚤어진 성격 때문에 아내와 자식으로부터도 사랑을 받지 못하게 되었고, 사랑받지 못하는 외로움을 술로 풀려고 하다가 알콜중독이 되었고, 술만 취하면 폭력적이 되는 바람에 아내와 자녀들로부터 점점 더 따돌림을 받게 되었던 것이다.

그 악순환의 고리를 끊은 것이 사랑이다. 세상에 사랑처럼 중요한 것은 없다. 사람에게 사랑처럼 소중한 것은 없다. 사랑하고 사랑받지 못한다면 사람은 절대로 사람답게 살 수 없다. 모든 사람은 다 사랑이 필요하다. 충분한 사랑이 필요하다.

그런 사랑을 충분히 주고받을 수 있는 곳이 바로 우리의 가정이다. 가정은 이처럼 사랑으로 만들어진 공동체인 것이다. 우리는 가정에서 태어나고 가정에서 키워지고, 가정에서 배우며, 가정에서 성숙한다.

사랑하면 아까운 것이 없다. 사랑하는 사람을 위해서 귀한 것을 내 놓은 것이 정말 행복이다. 그 중에서 마음과 마음이 통하는 진실한 사랑! 그 사랑이 주는 행복을 능가할 행복은 없다. 그 행복을 주시기 위해서 하나님은 가정을 창조하셨다. 그래서 창세기의 창조 이야기는 가정이 창조됨으로 완성된 것이다. 가정은 창조의 꽃이고 창조의 아름다움이 정수이다.

약속 있는 첫 계명...

부모가 젊고, 능력있고, 경제력, 도움이 되면 자녀가 부모를 경히 여길 수 없다. 위엄과 존경심이 따를 것이다. 그러나 부모가 늙게 되면 외모, 언어, 능력, 경제, 범사에 작아진다. 도움은커녕 오히려 귀찮은 존재가 되기도 한다. 그래서 무시하고 함부로 대하는 경우가 있는데, 이에 대해 하나님께서 경고하고 계신다. 부모가 늙고 병들수록 크게 생각하고 존경해야 한다.

이스라엘의 강한 점은 그 전승을 지키는 데에 있다. 전승의 뿌리는 효이다. 이것을 잊지 말아야 한다. 공경, 그것이 바로 인격의 뿌리이다. 공경을 모르는 사람은 지도자가 될 수가 없다. 공경을 몸에 익히지 못한 사람 공경과 순종을 익히지 못한 사람은 영영 구제불능의 사람이 된다.

마틴 루터는 그의 대요리문답에서 부모란 네 가지로 말하고 있다. 낳아준 부모, 나를 가르쳐준 선생부모, 나를 지켜주시는 왕부모, 그리고 내 영적인 생활을 지도하는 목사부모이다. 부모란 스토르게(storge) 사랑만이 아니라. 이런 네 가지 부모 속에 있는 것이다.

'부모에게 순종하라' 부모에게 순종하면서 순종의 덕을 몸에 익혀 우리의 모든 가정들이 효의 가정이 되고, 이것이 가풍이 되고 가문의 전통이 될 때 자자손손 복을 누리게 되는 것이다.

하나님의 선물 자녀...

오늘 그리스도안의 가정은 하나님이 주신 축복은 부모에게도 축복, 자녀에게도 축복, 부부에게도 다 같이 축복이 되고 다 함께 더불어 주님을 모시고 살아가는 가정, 임마누엘의 가정, 이것이 하나님이 주신 축복인 줄로 믿는다. 가정이 건강해야 한다. 가정이 복을 받아야 하는 것이다. 그리고 주신 하나님의 자녀를 잘 길러야 한다. 자녀는 내가 낳은 것이 아니라, 하나님이 우리 가정에 주신 선물이다. 길러도 이 가정의 자녀는 하나님의 자녀인 것이다.

오늘 우리의 자녀 교육이 근본부터 잘못되었다. 자녀를 성공시켜야 되겠다는 이 목적을 처음부터 잘못 두고 있다. 성경의 다윗은 어떻게 했는가? 다윗은 왕이다. 최고의 부유함과 권력을 가지고 있었지만은 아들 솔로몬에게 마지막 유언한 게 무엇인가? '내가 너에게 권력을 물려준다. 이 엄청난 은금 보화를 다 물려주니 너는 나라를 잘 다스려라. 행복해라.' 그 말 하지 않았다. 그것은 '헛되다' 라는 것이다. 다윗이 솔로몬에게 물려준 재산은 무엇인가? 가장 큰 보화, 가장 큰 유산은 무엇인가? 왜 솔로몬과 다윗이 다 잘 되었는가? 다윗은 '너의 하나님을 잘 섬겨라. 너의 하나님 말씀을 잘 순종해라. 그리하면 네가 잘되리라. 너를 당할 자가 없고 어디 가든지 무엇을 만나든지 너는 성공하리라.' 고 했다.

주님이 함께하시면 어디가든지 무엇을 만나든지 성공할 수 있다. 이제 우리가 그들에게 참으로 귀한 본을 보여서 그 마음속에 그리스도의 형상을 새기게 하시고 복음으로써 낳고 복음으로써 키우고 좋은 본을 보여 우리와 우리 자녀와 우리 가정이 그리스도 안에 충만한 행복을 찾아가게 하여야 한다.

01
형제가 연합하여 동거함이

보라 형제가 연합하여 동거함이 어찌 그리 선하고 아름다운고 머리에 있는 보배로운 기름이 수염 곧 아론의 수염에 흘러서 그의 옷깃까지 내림 같고 헐몬의 이슬이 시온의 산들에 내림 같도다 거기서 여호와께서 복을 명령하셨으니 곧 영생이로다(시 133:1~3).

01 사랑 받지 못한 케네디의 암살자

 오스왈드(Oswald), 그는 한 불행한 가정이 낳은 희생양이었다. 그의 어머니는 두 번이나 결혼에 실패하였고 두 번째 남편으로부터는 구타까지 당하며 육체적, 정신적으로 상처를 많이 받았다. 그래서 결국 그가 열 세 살이 되었을 때 그의 어머니는 세 번째 남편하고도 온전한 결혼 생활을 유지하지 못하고 이혼하게 된다. 그는 부모의 사랑을 받아야 할 시기에 소외되어 홀로 지내야 했다. 처음에는 잘 지냈지만 점차 다른 사람들로부터 이탈되었고 부정적인 성향이 드러나게 되었다. 그래서 그는 공격적인 성격이 되어 급기야 고등학교에서 패싸움으로 인해 퇴학까지 당하게 된다. 그 후 유럽으로 건너가 지내다가 정체불명의 여자와 결혼을 하고, 다시 미국으로 돌아왔지만 생계는 어려웠다. 아내는 끊임없이 돈이 없다고 화를 내며 그를 구박했다. 그러던 어느 날 아내는 차라리 집에 들어오지 말라며 그를 밀어냈고 쫓겨난 그는 밤새도록 술을 마셨다. 새벽녘에야 집으로 돌아온 그는 몇 푼 안 되는 돈을 내밀며 아내에게 진심으로 사정했다.
 "여보, 이거 얼마 되지 않지만 당신이 사고 싶은 것을 사오. 그리고 나를 용서하오. 내가 당신을 사랑하듯 당신도 나를 사랑해 줄 수 없겠소?"

그러나 아내는 남편의 사랑의 호소에도 불구하고 화를 내며 그가 내민 몇 푼 안 되는 돈을 집어 던져버렸다. 그런 아내의 행동에 그는 절망감에 휩싸여 그만 밖으로 뛰쳐나가게 된다. 그리고 그가 숨겨둔 총을 꺼내들고 얼마 전 취직한 회사 건물의 옥상으로 올라가 누군가를 기다린다.

그가 기다리고 있는 사람은 다름 아닌 케네디(John F. Kennedy). 1963년 11월 22일 시계바늘이 막 정오를 넘어가려는 순간.

"탕!"

이 세상에 태어나 한 번도 사랑을 받아보지 못한 한 사람의 비관적인 행동이 엄청난 비극을 저지른 것이다.

 예화와 관련된 말씀

무엇보다도 뜨겁게 서로 사랑할지니 사랑은 허다한 죄를 덮느니라(벧전 4:8).

02 | 먼저 네 눈 속에서 들보를 빼어라

미국에서 유명한 바바라 월터는 저널리스트이자 텔레비전에서도 매우 인기가 있는 여자이다. 그의 남편도 유명한 기자이자 컴퓨터 전문가이다. 이렇게 완벽한 여자와 남자가 부부가 되었다면 남보다 더 잘 살아야 할텐데 이들은 이혼을 했다.

이 여자와 이혼한 남자는 '이제는 좀 더 새로운 인생을 찾아야겠다. 나에게 가장 잘 맞고 적합한 사람을 찾아봐야겠다' 며 컴퓨터 통신에 광고도 내고 사람들의 추천도 받아서 컴퓨터에 많은 여자들의 리스트와 자료들을 입력하였다.

그 다음으로 그 여자들 가운데 자신과 잘 맞고 어울리는 사람을 순위별로 살펴본 결과 10위까지 리스트를 뽑았다. 그런데 놀랍게도 그 순위 중 가장 적합한 결과로 나온 1위의 여인은 바로 자기와 이혼했던 바바라 월터였던 것이다.

부인을 바꾸면 남보다 더 잘 살 것이라고 생각했지만 그것은 잘못된 결정이었다.

중요한 것은 상대방이 아니라 내가 바뀌는 것이다. 우리는 상대방 때문에, 상대방이 바뀌면 좀 더 우리 가정이, 직장이, 사회가 바뀌겠지 생각하지만 결코 그렇지 않다. 진정 변화되고 바뀌어야 할 사람은 바로 나이다.

예화와 관련된 말씀

그에게는 영이 충만하였으나 오직 하나를 만들지 아니하셨느냐 어찌하여 하나만 만드셨느냐 이는 경건한 자손을 얻고자 하심이라 그러므로 네 심령을 삼가 지켜 어려서 맞이한 아내에게 거짓을 행하지 말지니라 이스라엘의 하나님 여호와가 이르노니 나는 이혼하는 것과 옷으로 학대를 가리는 자를 미워하노라 만군의 여호와의 말이니라 그러므로 너희 심령을 삼가 지켜 거짓을 행하지 말지니라(말 2:15,16).

너는 네 눈 속에 있는 들보를 보지 못하면서 어찌하여 형제에게 말하기를 형제여 나로 네 눈 속에 있는 티를 빼게 하라 할 수 있느냐 외식하는 자여 먼저 네 눈 속에서 들보를 빼라 그 후에야 네가 밝히 보고 형제의 눈 속에 있는 티를 빼리라(눅 6:42).

무엇보다도 뜨겁게 서로 사랑할지니 사랑은 허다한 죄를 덮느니라(벧전 4:8).

03 | 행복한 가정

철학자 소크라테스가 제자들과 강론에 열중하느라 집안 살림에 늘 소홀하였고 부인은 항상 쪼들리는 가난에 화가 나서 하루는 방문을 열고 소크라테스에게 물을 한 바가지 퍼부었다.

이 때 소크라테스가 물을 툭툭 털면서
"뇌성벽력이 대단하더니 소나기가 쏟아지는군!"
하며 웃었다.
그러자 옆에 보고 있던 제자들이 어이가 없어 물었다.
"선생님, 우리도 앞으로 결혼을 해야 합니까?"
소크라테스는
"암, 결혼해야지. 걱정 말고 결혼하게. 만일 어진 아내를 만나면 행복할 것이고, 나처럼 저런 아내를 만나면 적어도 철학자가 될 것일세."

결혼생활을 3주간 탐색하고
3개월간 사랑하고
3년간 싸우고
30년간 참고 견디는 생활이라고 말한다.

자기희생이 없이는 진정한 사랑을 기대하기 어렵고 행복한 가정을 기대하기 어렵다.

예화와 관련된 말씀

남편 된 자들아 이와 같이 지식을 따라 너희 아내와 동거하고 저는 더 연약한 그릇이요 또 생명의 은혜를 유업으로 함께 받을 자로 알아 귀히 여기라 이는 너희 기도가 막히지 아니하게 하려 함이라(벧전 3:7).

여호와 하나님이 이르시되 사람이 혼자 사는 것이 좋지 아니하니 내가 그를 위하여 돕는 배필을 지으리라 하시니라(창 2:18).

04 | 세상에서 가장 아름다운 곳

 어떤 화가가 세상에서 가장 아름다운 것을 화폭에 그려 보겠다고 마음먹고 그 '아름다운 것'을 찾아 나섰다. 여행도 다녀보고, 이 사람 저 사람에게 물어보기도 했다.
 어떤 목사님에게 물었다.
 "가장 아름다운 것이 무엇이겠습니까?"
 "그것은 믿음입니다."
 지나가는 군인을 붙들고 물었다.
 "가장 아름다운 것이 무엇이겠습니까?"
 "그것은 평화입니다."
 신혼여행을 떠나는 두 젊은이에게 물었다.
 "가장 아름다운 것이 무엇이겠습니까?"
 "그것은 사랑입니다."
 이 세 가지 대답이 화가의 마음에 들었다. 이제는 그것을 그리고 싶었다.
 '이 세 가지를 합친, 그런 것이 어디 없을까?'
 그런데 아무리 헤매어 다녀도 이 세 가지를 한 데 모아놓은 소재를 찾기가 어려웠다. 아무 성과도 없이 화가는 잔뜩 지친 몸을 이끌고 집으로 돌아왔다.

그런데 문에 들어서는 그를 보고 아이들이 "아빠"하면서 달려왔다. 그 때, 그는 아이들의 반짝이는 눈망울에서 믿음을 보았다.

'아, 여기에 믿음이 있구나!'

또한, 남편이 오랫동안 집을 비웠는데도 아내는 여전히 정숙하고 부드러운 마음씨로 영접해주었다.

'아, 이것이 사랑이구나!'

그는 집안에 들어설 때에 모든 생각을 다 털어버릴 수 있었다. 참 평화를 느꼈다. 비로소 그는 세상에서 가장 아름다운 것은 가정이라는 것을 깨달았다. 가정을 화폭에 옮기기로 했다. 더는 방황하지 않으리라 마음먹었다.

예화와 관련된 말씀

누구든지 자기 친족 특히 자기 가족을 돌보지 아니하면 믿음을 배반한 자요 불신자보다 더 악한 자니라(딤전 5:8).

내게 줄로 재어 준 구역은 아름다운 곳에 있음이여 나의 기업이 실로 아름답도다(시 16:6).

05 | 불신자와 결혼

스펄젼 목사에게 한 여자 청년이 찾아 왔다.
"스펄젼 목사님 제가 결혼을 하려고 합니다."
"아, 그래요? 그거 잘 됐군요"
"그런데 그 남자는 아직 구원받지 못한 사람입니다."
"아. 그래요...그거 안 됐군요"
잠시 정적이 흐르자, 여자 청년은 결심한듯 스펄젼목사에게 밝은 표정으로 말을 건냈다.
"제가 그와 결혼해서 그를 주님께로 인도하겠습니다. 그와 결혼해도 될까요?"

스펄젼은 가만히 이야기를 듣다가 여자 청년을 의자 위에 올라서라고 했다. 그리고 손을 내밀어 자신을 끌어올려보라고 했다.
청년이 끌어올려보려고 하지만 좀처럼 되지 않았다.
그러자 스펄젼이 손에 힘을 주고 밑으로 끌어내렸다. 여자 청년은 의자 밑으로 쓰러지듯이 떨어지고 말았습니다.
스펄젼은 말했다.

"밑으로 떨어지는 것은 쉽지만, 위로 올라가는 것은 너무 힘듭니다. 자매님 깊이 생각하십시오."

청년 자매는 말없이 그 자리를 떠났다고 한다.

예화와 관련된 말씀

아내 된 자여 네가 남편을 구원할는지 어찌 알 수 있으며 남편 된 자여 네가 네 아내를 구원할는지 어찌 알 수 있으리요(고전 7:16).

믿지 아니하는 남편이 아내로 말미암아 거룩하게 되고 믿지 아니하는 아내가 남편으로 말미암아 거룩하게 되나니 그렇지 아니하면 너희 자녀도 깨끗하지 못하니라 그러나 이제 거룩하니라(고전 7:14).

너희는 믿지 않는 자와 멍에를 함께 메지 말라 의와 불법이 어찌 함께 하며 빛과 어둠이 어찌 사귀며 그리스도와 벨리알이 어찌 조화되며 믿는 자와 믿지 않는 자가 어찌 상관하며(고후 6:14,15).

06 | 여전히 너를 사랑한단다

  이 이야기는 스코틀랜드 지방의 어느 젊은 여자에 관한 것이다.

  그녀는 집을 떠나 글래스고우에서 부랑자가 되었다. 그녀의 어머니는 딸을 백방으로 찾아다녔으나 허사였다. 마침내 어머니는 자기 사진을 자정 선교회(Midnight Mission)의 방 벽에 걸어 놓았는데, 그 곳은 버려진 여성들이 묵는 곳이었다.

  많은 사람들이 지나가면서 그 사진을 흘깃 쳐다보았다. 한 사람이 그 사진 옆에서 서성거렸.

  그 사진의 모습은 어릴 때, 그녀를 내려다보던 바로 그 친근한 얼굴이었다. 어머니는 자신의 죄 많은 딸을 잊거나 버린 것이 아니었다. 만일 그랬다면 그 사진이 결코 그런 곳에 걸려 있지 않았을 테니까.

  마치 그 입술이 열려 이렇게 속삭이는 듯했다.

  "애야, 집으로 돌아오너라! 엄마는 너를 용서한단다. 그리고 여전히 너를 사랑한단다."

  그 불쌍한 소녀는 자신의 감정을 이기지 못하고 털썩 주저

앉았다. 그녀는 방탕한 딸이었지만 어머니의 얼굴 모습이 그녀의 마음을 무너뜨렸던 것이다.

그녀는 자신의 잘못을 진심으로 뉘우치게 되었고, 슬픔과 부끄러움을 가득 안고 자신이 버리고 떠났던 집으로 돌아왔다. 그리하여 두 모녀는 다시 한 번 하나가 되었다.

예화와 관련된 말씀

사랑은 여기 있으니 우리가 하나님을 사랑한 것이 아니요 하나님이 우리를 사랑하사 우리 죄를 속하기 위하여 화목 제물로 그 아들을 보내셨음이라(요일 4:10).

미움은 다툼을 일으켜도 사랑은 모든 허물을 가리느니라(잠 10:12)

07 | 어머니의 손길

남북전쟁 한창일 때 한 어머니가 아들의 부상 소식을 듣게 되었다. 어머니는 바로 열차를 타고서 아들이 있는 곳으로 향했다. 전선에 여자는 더 이상 들여보낼 수 없다는 정부로부터의 명령을 듣고도 위험을 무릅쓰고서 말이다.

드디어 천신만고 끝에 전선에 도달할 수 있었다. 마침내 아들이 입원해 있는 병원을 알아내고는 의사에게 가서 말했다.

"제가 대신 병실에 들어가서 아들을 위해 간호할 수 있도록 해 주세요."

의사는 말했다.

"지금 막 아드님께서 잠들었습니다. 지금 위독한 상태라 어머니를 보게 되면 너무 흥분해서 죽을지도 모릅니다. 잠시 더 기다렸다가 제가 아드님께 차근차근히 이야기하고 나서 만나시는 편이 좋을 듯 싶군요."

어머니는 의사의 얼굴을 바라보며 말했다.

"선생님, 제 아들이 다시 깨어나지 못하여 더 이상 아들의 살아있는 모습을 보지 못할 거라고 생각해 보십시오. 아무 말도 하지 않을 테니 제발 들여보내 주십시오."

"아무 말도 하지 않으시겠다면 들어가서도 좋습니다."

어머니는 침대 곁으로 다가가서 아들의 얼굴을 바라보았다.

얼마나 아들을 만나 보기를 바랐던가!

아들의 모습을 바라보는 어머니의 눈은 기쁨으로 가득 찼다. 가까이 다가갔을 때 어머니의 손은 더 이상 가만히 있지 못하여 사랑이 담긴 부드러운 손을 아들의 이마에 갖다 댔다. 그 순간이었다. 눈을 뜨지도 않은 채 아들이 울면서 말했다.

"어머니, 와 주셨군요."

그는 그 사랑의 손길을 알아보았던 것이다. 아들을 향한 어머니의 뜨거운 사랑의 마음이 전달된 것이었다.

 예화와 관련된 말씀

그의 부모를 경홀히 여기는 자는 저주를 받을 것이라 할 것이요 모든 백성은 아멘 할지니라(신 27:16).

08 지극한 보살핌

  미국의 유명한 교육학자가 시골에 있는 어느 학교를 방문했다.
  그는 수업 중인 1학년 교실에 들어가서
  "선생님, 지금 수업을 받고 있는 학생들 중 노란 옷을 입은 소녀와 저기 저 소년은 뛰어난 머리를 가진 천재입니다. 그러니 깊은 관심과 애정으로 보살펴 주신다면 반드시 위대한 인물이 될 것입니다."
  라고 말했다.

  교사는 이 유명한 교육학자의 말을 받들어 지극정성으로 그 두 아이를 보살폈다.
  그 결과 두 아이는 졸업할 때 가장 좋은 성적을 거뒀다. 그의 예언이 적중한 것에 감동한 교사는 교육학자에게 감사의 뜻을 전했다. 그러자 교육학자는 다음과 같은 글을 교사에게 보냈다.
  "존경하는 선생님, 사실 그 두 아이는 제가 전혀 모르는 학생들입니다. 저는 다만 눈에 띄는 아이 두 명을 골라 선생님에게 부탁했을 뿐입니다. 이로써 전 결론적으로 말할 수 있게 되었습니다. 즉 선생님의 지극한 사랑과 보살핌을 받게 된 아이들은 자신의 능력과는 상관없이 무한히 발전할 수 있다는 것을 말입니다."

예화와 관련된 말씀

내 형제들아 영광의 주 곧 우리 주 예수 그리스도에 대한 믿음을 너희가 가졌으니 사람을 차별하여 대하지 말라(약 2:1).

그런즉 믿음, 소망, 사랑, 이 세 가지는 항상 있을 것인데 그 중의 제일은 사랑이라(고전 13:13).

09 지혜로운 아들

 성품이 고약한 며느리가 시어머니와 함께 살고 있었다. 남편과 마주하면 언제나 시어머니가 죽지 않는다고 불평을 해 남편은 어느 날 남편이 아내에게 속삭였다.
 "여보, 나도 당신을 위해서 어머니가 빨리 죽기를 바라는 것은 마찬가지요. 그런데 정정하신 어머니가 갑자기 죽기라도 한다면 우리가 독살시킨 것으로 소문이 나니 내게 좋은 방법이 있으니 당신이 마음 한 번 굳게 먹고 할 수만 있다면 그 비책을 당신에게 알려 주리다."
 "방법은 간단하오. 우리 어머니가 빨리 죽게 하기 위해서는 오늘부터 100일 동안 당신이 맛있는 달걀 요리를 해서 매일 어머니 밥상에 올려 드리면서 웃음 띤 얼굴로 정성을 다한 몸가짐으로 드리기 바라오. 다만 한 가지 잊지 말아야 할 것은 드리면서 속으로 '이 노친내야, 이 맛있는 달걀 먹고 어서 죽어 버려라'는 마음만 먹기 바라오. 그러나 주의할 것은 절대로 어머니가 눈치 채지 못하게 100일 동안을 해야 한다는 것을 명심하기 바라오. 만에 하나 어머니가 눈치를 채는 날에는 100일 정성이 공염불이 된다는 것을…."

약삭빠른 아내가 지체 없이 행했다. 완전히 변한 모습이었다. 한 달이 지나고, 60, 90일이 되었고, 내일이면 99일이 되고, 모래이면 100일째가 되는 날이 된다. 시어머니는 며느리의 달라진 태도에 감동을 받아 동네에 마실 나갈 때마다 만나는 사람에게 며느리 칭찬을 입이 닳도록 했다. 그 칭찬은 마침내 며느리의 귀에까지 전해졌다. 99일째가 되는 날 밤 갑자기 아내가 남편에게 통곡을 하는 것이었다.

"갑자기 무슨 일이오!"

"여보, 당신의 어머니가 그렇게 인자하신 분 인줄은 몰랐어요. 내일이면 백일이 되는 날이에요. 제가 죽일 년이지요. 어머니를 더 사시게 하는 방법은 없을까요?"

예화와 관련된 말씀

집은 지혜로 말미암아 건축되고 명철로 말미암아 견고하게 되며(잠언 24:3).

미움은 다툼을 일으켜도 사랑은 모든 허물을 가리느니라(잠 10:12).

10 | 어미 곰의 사랑

  백발백중의 사냥꾼이 있었다. 그에게 한 번 사정권에 들어온 동물은 그야말로 '내 손안에 있소이다' 였다.
  어느 날 사냥꾼은 총을 메고 사냥에 나섰다.
  그 날은 유난히도 안개가 자욱해서 물체를 제대로 분간할 수 없었다. 그는 계속 산에 올랐지만 단 한 마리의 짐승도 잡지 못했다.
  안개가 걷히고 사냥꾼이 개울가로 왔을 때 물체가 움직이는 것이 보였다. 사냥꾼은 직감적으로 그것이 커다란 곰이라는 것을 알았다.
  그래서 재빨리 물체를 향해 방아쇠를 당겼다. 그런데 동물은 전혀 움직이지 않았다. 사냥꾼은 거듭 방아쇠를 당겼다. 그래도 물체는 쓰러지지 않았다.
  사냥꾼은 살금살금 물체가 있는 곳으로 다가갔다. 그 곳엔 커다란 어미 곰이 바위 돌을 든 채 죽어 있었다. 바위 밑에서는 아기 곰들이 물고기를 잡으며 한가로이 놀고 있었다.
  어미 곰은 아기 곰을 보호하기 위해 바위를 든 채 죽은 것이다.

이 어미 곰의 사랑이 바로 우리 부모의 사랑이다.

짐승도 본능적으로 제 자식이 귀한 줄 알거든 하나님이 창조하시고 생기를 부어주신 만물의 영장인 사람은 오죽하겠는가?

 예화와 관련된 말씀

네 부모를 즐겁게 하며 너 낳은 어미를 기쁘게 하라 내 아들아 네 마음을 내게 주며 네 눈으로 내 길을 즐거워할지어다(잠 23:25, 26).

너희 중에 누가 아들이 떡을 달라 하는데 돌을 주며 생선을 달라 하는데 뱀을 줄 사람이 있겠느냐 너희가 악한 자라도 좋은 것으로 자식에게 줄 줄 알거든 하물며 하늘에 계신 너희 아버지께서 구하는 자에게 좋은 것으로 주시지 않겠느냐(마 7:9~11).

11 | 하나님의 선물인 가정

 미국의 한 시민이 1852년 4월 10일 알제리아에서 사망했다. 그로부터 31년이 지난 후에 미국 정부에서는 그의 유해를 본국으로 운송해 왔다. 미 군함이 알제리아에서 유해를 싣고 뉴욕에 도착할 때 뉴욕 항구는 유해를 영접하러 나온 사람들로 인산인해를 이루었다. 군악대의 국가와 예포가 울렸다. 대통령과 국무위원들은 모자를 벗고 애도의 뜻을 표했다. 유해는 특별히 마련된 기차로 운반되었다.
 도대체 이 사람이 누구이기에 그토록 많은 사람들이 그의 죽음을 슬퍼하며 애도의 뜻을 표했겠는가?
 이 사람은 유명한 정치가도 아니고, 천재적인 예술가도 아니었다. 모든 사람들의 심금을 울리는 작품을 쓴 문학가도 아니었다. 전쟁터에서 혁혁한 공을 세운 장군도 아니었다.
 그는 '즐거운 나의 집(Home, Sweet home)'이라는 노래의 작시자인 '존 하워드 펜'이었다. 그는 이렇게 노래했다.
 "즐거운 곳에서는 날 오라 하여도 내 쉴 곳은 작은 집 내 집 뿐이리... 꽃 피고 새 우는 내 집 뿐이리."
 그는 이 노래를 통해서 모든 사람의 마음속에 가정의 소중함을 심어 주려고 했다. 그의 뜻대로 사람들은 이 노래를 부르며 언제나 가정의 소중함을 생각하게 되었고, 가정이야말로 하나님께서 인간에게 부여하신 최고의 복임을 확인하게 되었다.

누가 뭐라고 해도 가정은 하나님께서 인간에게 부여하신 최고의 선물이요, 은총이다.

예화와 관련된 말씀

여호와께서 집을 세우지 아니하시면 세우는 자의 수고가 헛되며 여호와께서 성을 지키지 아니하시면 파수꾼의 경성함이 허사로다(시 127:1).

12 | 가장 소중한 보물

 탈무드에 나오는 얘기이다.
 적의 군대가 한 마을을 포위했다. 이제는 꼼짝없이 그 마을 사람들은 적군의 포로가 될 형편이었다. 사람들이 저마다 살길이 없을까 하고 두려워하며 궁리하고 있을 때 적군의 장수가 마을을 향하여 소리쳤다.
 "남자들은 모조리 우리의 노예로 삼을 것이다. 그러나 여자들은 특별히 풀어줄 것이니 이 마을을 속히 떠나가되 인정을 베풀어 그대들이 가장 소중히 여기는 보물 한 개씩만 지니고 나가도록 허락한다."
 그래서 그 마을의 여자들은 그 마을을 떠나게 되었는데 모두가 한 가지씩 금반지며, 목걸이며, 은수저며 들고 나섰다.
 그런데 한 여인은 이상하게도 허약한 몸이면서 커다란 보따리 하나를 질질 끌고 나가는 것이었다. 검문하던 자가 수상히 여겨 보따리를 헤쳐 보니 웬 남자 하나가 들어 있었다.
 "이건 누군가?"
 여인은 대답했다.
 "예, 제 남편입니다."

"왜 그대는 명령을 어기는가? 둘 다 죽고 싶은가?"

적의 장수가 위협을 가하자 여인은 간절하게 대답했다.

"제게 가장 소중한 보물은 제 남편입니다. 명령대로 내게 가장 소중한 보물을 하나 지니고 나가는 것이니 나를 보내 주십시오."

적군의 장수는 그 여인의 마음에 감동을 받았다. 그 여인의 지혜와 남편에 대한 사랑에 감동하여 남편을 데리고 나가도록 허락 한 것이다.

예화와 관련된 말씀

그러나 너희도 각각 자기의 아내 사랑하기를 자신 같이 하고 아내도 자기 남편을 존경하라(엡 5:33).

13 | 침묵의 신비

 매일같이 다투는 한 부부가 있었다. 하루는 어떤 수도사에게 여인이 찾아왔다.
 "남편과의 다툼 때문에 살수가 없다"고 하소연을 했다.
 그러자 수도사는 물이 담긴 병을 하나 주면서
 "남편과 다투기 직전 이 물 한 모금을 입안에 물고 삼키지 말라"고 말했다.
 여인은 다소 의아했으나 그 수도사가 시키는대로 물이 담긴 물병을 가지고 집으로 돌아왔다.
 그 날도 부부싸움을 하게 되어 여인은 남편이 시비를 걸때마다 그 수도사가 일러준대로 물을 한 모금 입안에 물었다.
 그리고 이후에도 몇 번의 싸움이 있었으나, 그 때마다 이 여인은 수도사가 일러준대로 또 물을 입에 한 모금 물었다.
 그러자 이상하게도 그 후로는 가정이 조용해지고 부부가 화목하게 됐다.
 후에 여인이 다시 그 수도사를 찾아가
 "시키는대로 하였더니 정말 싸움도 안하고, 저희 부부는 화목하게 지내게 되었어요. 정말 신기한 물이에요."라며 감탄하자 수도사가 이렇게 말했다.

"그 물은 그냥 평범한 물입니다. 다만 침묵이 신비로울 뿐입니다."

 예화와 관련된 말씀

내 사랑하는 형제들아 너희가 알지니 사람마다 듣기는 속히 하고 말하기는 더디 하며 성내기도 더디 하라(약 1:19).

우리가 알거니와 하나님을 사랑하는 자 곧 그의 뜻대로 부르심을 입은 자들에게는 모든 것이 합력하여 선을 이루느니라(롬 8:23).

14 | 엄마, 아빠 둘 다 필요합니다

 행복한 가정이 있었다. 서로 신뢰하고 사랑으로 감싸여 사는 부부와 귀여운 어린 딸을 가진 행복한 가정이었다. 그런데 언제부터인가 그 가정에는 부부간에 금이 생기기 시작했다. 불평이 일어나고 의심이 생기고 서로 간의 이해가 사라지기 시작했다.

 행복한 가정이 살얼음을 딛는 것 같은 분위기로 바뀌게 되었다. 냉기가 도는 싸늘한 분위기로 바뀌더니 급기야 사랑하던 부부는 이혼까지 결정하고 법정에 서게 되었다.

 재산 문제까지 합의되었다. 그러나 하나밖에 없는 딸아이의 양육 문제로 부부간에 옥신각신 하게 되었다. 서로 자기의 딸이기 때문에 자신이 양육해야 한다며 양보하지 않고 고집으로 팽팽히 맞섰다. 결국 재판관의 결정권에 따르기로 했다.

 재판관은 부부 사이의 문제가 해결될 기미가 전혀 보이지 않으므로 어린 딸에게 결정권을 부여하기로 했다. 어린 딸은 눈물을 흘리며 오른손으론 아빠의 손을, 왼손으론 엄마의 손을 꼭 잡고, 번갈아 엄마 아빠의 얼굴을 쳐다보았다.

눈에는 눈물이 고이기 시작했다.

그녀는 작은 목소리로

"나에게는 엄마도 아빠도 모두 필요해요. 우리 모두 함께 살아요" 하더니, 그만 울음을 터뜨렸다. 방청객도 재판관도 눈시울을 붉히기 시작했다. 드디어 얼음같이 차갑던 부부의 마음도 딸아이의 순진함에 봄눈 녹듯 녹아져 전보다 더 행복한 가정을 이루었다.

예화와 관련된 말씀

그런즉 이제 둘이 아니요 한 몸이니 그러므로 하나님이 짝지어 주신 것을 사람이 나누지 못할지니라 하시니(마 19:6).

15 | 원망과 불평이 많은 가정

어떤 사람이 자기 가정이 복잡하여 고민하고 있었다. 남편은 아내와 말다툼하고, 형제는 서로 싸우고, 친자는 서로 욕하는 상태였다. 서로가 서로를 미워하고 집 안엔 불평만이 가득 찼다.

그런데 이웃집은 달랐다. 친자 2대의 대가족이므로 옥신각신하기 쉬울텐데도 풍파도 없이 언제나 온화했다. 아주 감동이 되어 그는 이웃집의 주인에게 물어봤다.

"댁은 어떻게 그리 평화스럽습니까?"

그가 들려준 대답은 이상했다.

"댁은 선한 사람만 한 데 모였지만 우리 집은 악한 사람뿐이니까요."

놀라워하는 얼굴을 보고 그 이웃 사람은 이렇게 설명하였다.

"댁에서 가령 실수하여 항아리를 깼다고 합시다. 즉시 '누구야. 이런 곳에 분재를 놓아둔 놈은?', '당신은 눈뜬 소경이요' 라고 하게 되지요. 모두 저마다 잘했다고 합니다.

그런데 우리 집에서는 '아, 내가 그런 곳에 놓아둔 것이 잘못이었어요', '아뇨, 제가 부주의한 탓이지요' 하며 모두 자기 자신이 나쁜 사람이 됩니다. 그래서 집안이 평화롭고 안정이 되지요."

그의 말은 참으로 감동적이었다. 그 말을 듣는 순간 마음에 평안이 찾아오는 것을 느꼈다. 우울해 하던 사람은 행복의 비결을 깨닫게 되었다. 자신의 집에서 오고가는 식구들의 대화와는 전혀 달랐다.

예화와 관련된 말씀

그의 혀로 남을 허물하지 아니하고 그의 이웃에게 악을 행하지 아니하며 그의 이웃을 비방하지 아니하며(시 15:3).

그리스도의 평강이 너희 마음을 주장하게 하라 너희는 평강을 위하여 한 몸으로 부르심을 받았나니 너희는 또한 감사하는 자가 되라(골 3:15).

간사한 혀여 너는 남을 해치는 모든 말을 좋아하는도다(시 52:4).

16 자존심 때문에 파괴된 가정

영국 어느 가정에서 치약 하나 때문에 이혼하고 가정이 파괴된 사건이 있었다.

여자는 대범하고 한편 부주의한 여자인 반면에 남자는 꼼꼼하고 실수를 별로 하지 않는 사람이었다.

치약을 사용할 때 여자는 치약의 중간을 아무렇게나 꾹 짜서 퍽 집어던졌고, 반면에 남편은 치약의 꼬리부터 차근차근 눌러 사용하였다.

남편은 치약을 사용하면서 항상 불만이 쌓였고, 하루는 참다 못한 남편이 아내에게 소리쳤다.

"왜 치약을 이렇게 쓰는 거야?"

이 말을 들은 아내는

"뭐 치약 하나가 얼마나 한다고 잔소리를 하는 거야?"

하고 덤벼들곤 했다.

이렇게 서로 한 치도 물러서지 않고 싸우곤 하다가 마침내 치약하나로 이혼까지 하고, 이 부부의 아이들은 고아원에 맡겨졌다. 귀한 가정 하나가 이렇게 완전히 파괴되고 만 것이다.

부부가 서로 똑똑한 체하고 자존심만 세우려 들면 그 가정은 파괴되고 만다.

서로 서로 똑똑한 체하고 상대방의 잘잘못만 따지고 옳고 그른 것만 따지려 들면 그 가정은 죽고 만다.

예화와 관련된 말씀

여호와 하나님이 이르시되 사람이 혼자 사는 것이 좋지 아니하니 내가 그를 위하여 돕는 배필을 지으리라 하시니라(창 2:18).

결혼한 자들에게 내가 명하노니 (명하는 자는 내가 아니요 주시라) 여자는 남편에게서 갈라서지 말고(고전 7:10).

17 | 행복한 부부 이야기

　결혼한 지 5년 된 임 집사 내외는 교회에서 모르는 사람이 없을 정도로 매우 금실이 좋았다.
　그러던 어느 날 3살짜리 아들 녀석이 장난하다가 그만 집 안의 남편이 아끼는 값비싼 청자를 깨뜨렸다.
　아들이 깨뜨린 청자 때문에 이 임 집사 내외는 그날 밤 서로 몹시 다투게 되었다.
　"아이 하나 제대로 보지 못하고 집에서 뭘 했어!"
　"내가 집에서 애만 붙들고 살 수 있어요?"
　"뭐야?"
　이렇게 한바탕 싸우다가 임 집사 부부는 화해하지 못하고 서로가 성이 나서 각각 딴 방으로 들어가 문을 "꽝"하고 닫아 버렸다.
　아내는 남편과 싸운 일로 인해 밤새 잠을 못 자고 이리 뒤척 저리 뒤척 하고 있는데 갑자기 밖에서 이상한 인기척이 들렸다.
　아내가 가만히 문을 열어 보니 소파에 얼굴을 묻고 남편이 기도를 하고 있었다.

"주여, 오늘도 참지 못하고 혈기를 부려 사랑하는 아내의 마음에 상처를 주었습니다. 아내의 마음을 주님이 만져주십옵소서. 용서하여 주시옵소서"

아내는 눈물이 핑 돌았다.

예화와 관련된 말씀

남편들아 아내 사랑하기를 그리스도께서 교회를 사랑하시고 그 교회를 위하여 자신을 주심 같이 하라(엡 5:25).

이와 같이 남편들도 자기 아내 사랑하기를 자기 자신과 같이 할지니 자기 아내를 사랑하는 자는 자기를 사랑하는 것이라(엡 5:28).

18 | 부부

한 부인이 길을 가다가 길에서 신음하는 청년을 만났다. 부인은 그 청년에게 다가가 그 이유를 물었다. 청년은 고통스러운 표정으로 대답했다.

"불량배에게 폭행당한 후 지갑까지 빼앗겼어요."

부인은 청년에게 3만원을 건네주며 위로했다.

"많이 다친 거 같으니 이 돈으로 우선 가까운 병원에 가서 치료를 받으세요."

청년은 몇 번이나 머리 숙여 감사를 표했다.

"전화번호를 알려주세요. 반드시 이 돈을 갚겠습니다."

부인은 전화번호를 적어주었다.

그러나 일주일이 지나도 아무런 연락이 없었다. 속이 상한 부인은 남편에게 그 사실을 알렸다.

어느 날 아내는 화장대에서 낯익은 편지와 함께 만원짜리 신권 세 장을 발견했다.

"여보, 당신의 착한 마음이 행여 상처를 받을까 적정이오. 청년 대신 내가 갚는 것이오. 그러니 이제 그만 속상해하구려."

부인은 남편의 따뜻한 배려에 진한 행복을 느꼈다. 남편들이여, 아내를 행복하게 해 주라.

하나님은 지금 아내의 눈물방울과 웃음의 횟수를 세고 계신다.

예화와 관련된 말씀

남편 된 자들아 이와 같이 지식을 따라 너희 아내와 동거하고 저는 더 연약한 그릇이요 또 생명의 은혜를 유업으로 함께 받을 자로 알아 귀히 여기라 이는 너희 기도가 막히지 아니하게 하려 함이라(벧전 3:7).

19 | 디즈레일리와 그의 하녀

영국 수상 디즈레일리가 젊었을 때 하녀 한 명을 구하고 있던 차에 추천을 받은 여자가 한 사람 들어왔다. 디즈레일리는 그 여자에게 물어 보았다.

"당신이 만약 스무 장의 접시를 포개 들고 이 방을 나가다가 문턱에 발이 걸렸다고 합시다. 그런 경우 어떻게 하겠소?"

그 여자는 자신 있게 대답했다.

"그런 정도라면 아무 문제가 없습니다. 저는 그 순간 턱으로 접시를 단단히 누르고, 얼른 무릎을 꿇겠습니다. 또 그것이 여의치 않아 넘어진다고 해도 몸을 굴려 접시를 한 장도 깨지 않을 것입니다."

두 번째 여자가 왔다. 같은 질문에 그 여자는 다만 이렇게 간단히 대답하였다.

"아직까지 그런 일을 겪어 보지 못해서 뭐라고 말씀드릴 수가 없습니다. 다만, 발이 문턱 같은 데 걸리지 않도록 미리 조심하겠습니다."

디즈레일리는 그 두 번째 여자를 채용했다. 그리고 나중에 그 하녀와 결혼했다. 이리하여 일약 하녀에서 영국 총리가 된 그녀는 나중에 이런 일화를 남겼다.

어느 날 그녀는 남편과 함께 마차를 타고 의사당으로 가고 있었다. 그 동안 남편은 국회에서 할 연설문을 손질하는데 여념이 없었는데, 사실은 마차 문이 잘못 닫히면서 부인의 손가락 하나가 문에 끼여진 상태였다.

부인은 남편의 일을 방해하지 않으려고 마차가 국회에 도착할 때 까지 아무런 내색을 하지 않았다. 마침내 마차가 도착하고 나서 보니 부인의 손가락은 새까맣게 멍이 든 채였다.

디즈레일리 같은 명재상의 뒤에는 또 그만한 부인이 있었던 것이다.

예화와 관련된 말씀

남편은 그 아내에 대한 의무를 다하고 아내도 그 남편에게 그렇게 할지라(고전 7:3).

20 | 감옥에도 함께 간 캐서린

폴란드의 귀족 출신인 캐서린은 스웨덴의 왕자 존과 결혼했다. 그런데 권력다툼에 휘말려 그의 남편 존은 형 에릭에 의해 평생 동안 감옥살이를 하게 되었다. 에릭이 국왕으로 있는 동안은, 적어도 그때까지는 감옥에서 지내야 했다. 이 소식을 들은 캐서린은 급히 스톡홀름으로 달려갔다. 캐서린은 에릭 왕에게 나아가 간청했다.

"폐하, 저를 제 남편과 함께 감옥으로 보내 주십시오."

"캐서린, 그대의 남편은 평생 동안 다시는 햇빛을 못 보게 될 것인데 그대는 그것을 알고 그런 간청을 하는 것인가?"

"폐하, 잘 알고 있습니다. 그러나 그가 무죄이건 유죄이건 간에 존 왕자는 저의 변함없는 남편입니다."

왕은 측은하다는 눈빛으로 캐서린에게 말했다.

"짐의 생각으로는 그대의 남편이 감옥에 보내진 순간부터 그대는 그와의 서약에서 풀려 자유하다고 생각하는데…"

그러자 캐서린은 자기가 끼고 있던 결혼반지를 빼들고서 이렇게 말했다.

"폐하, 부디 이 반지에 새겨진 문구를 읽어 봐 주십시오."

반지를 받아든 왕은 '오직 죽음으로써만'이라는 문구를 읽은 후 캐서린을 단념시킬 수 없으리라는 것을 직감했다.

캐서린은 감옥으로 갔다.

그로부터 17년 동안을 남편과 함께 감옥에서 보냈다. 그러다가 국왕 에릭이 사망하자 두 사람의 불멸의 사랑은 더욱 빛을 발하게 되었다.

온전한 사랑은 두려움을 내쫓고 참다운 사랑은 죽음보다 강하며 유정한 것이다.

예화와 관련된 말씀

여호와 하나님이 이르시되 사람이 혼자 사는 것이 좋지 아니하니 내가 그를 위하여 돕는 배필을 지으리라 하시니라(창 2:18).

아내를 얻는 자는 복을 얻고 여호와께 은총을 받는 자니라(잠 18:22).

21 | 어머니의 현명한 교육

미국 제일의 심야 텔레비전 토크쇼 사회자로 유명한 코미디언 제이 리노의 부모님은 신앙심이 매우 깊은 분들로 자식 사랑이 남달랐다. 어렸을 때부터 곧잘 엉뚱한 일을 벌이는 그를 부모님은 "젊은 시절의 호기심은 좋은 경험이 된다."며 격려해 주곤 했다.

제이 리노가 고교 졸업반이던 시절, 그는 몇 해 동안 모아 둔 용돈으로 큰 맘 먹고 중고 트럭을 하나 샀는데, 너무 낡아서 엔진 소리가 요란했으며 유리창도 모조리 부서져 있었다. 하지만 유리창을 갈아 끼울 만한 돈이 없어 그는 그대로 학교에 타고 다녔다.

그러던 어느 날, 학교에서 수업을 받고 있던 리노는 갑작스럽게 비가 내리자 안절부절못했다. 학교에 몰고 온 트럭이 걱정되었기 때문이었다.

'이를 어째. 비를 맞아 물이 새면 못쓰게 될 텐데. 그렇다고 수업 도중에 나갈 수도 없고.'

주차장에 세워 둔 트럭에는 이미 깨진 유리창으로 빗물이 콸콸 흘러 들어가고 있었다. 이를 본 리노가 안타까움에 발을 동동 구르며 어쩔 줄 몰라 하고 있을 때였다. 갑자기 자동차 한 대가 트럭 옆에 멈춰 서는 것이 보였다. 순간 리노는 자신의 눈을 의심했다. 바로 아버지 차였기 때문이다.

아버지는 이날 비가 쏟아지자 아들이 학교에 타고 간 트럭이 비에 맞을 거라는 생각에 직장에서 서둘러 조퇴하고 어머니와 함께 학교로 왔던 것이다.

교실 창밖으로 장대비를 맞으며 아들의 차 트럭에 덮개를 씌우는 부모님의 모습을 보자 리노의 눈에서는 쉴 새 없이 눈물이 흘렀다. 그 날 리노는 '부모님 사랑의 기대에 결코 어긋나지 않는 아들이 되어야겠다'고 굳게 결심했다.

예화와 관련된 말씀

모든 성경은 하나님의 감동으로 된 것으로 교훈과 책망과 바르게 함과 의로 교육하기에 유익하니(딤후 3:16).

22 | 비행기도 못 타 본 남편

여행사에 다니는 나는 업무상 해외 출장이 잦았고 늘 그것에 익숙해져 있었다. 결혼하고 처음으로 해외출장을 갈 때의 일이다. 회사에서 늦게까지 출장준비를 하고 있는데, 동료가 "남편이 허락했어?"라고 물었다.

순간 나는 그걸 왜 허락 받아야 하는지 의아해했다. 남편은 결혼 전부터 내가 해외 출장을 자주 간다는 걸 알고 있었고, 결혼 후에도 계속해서 직장 생활을 하기로 했기 때문에 충분히 이해할 거라고 생각했던 것이다.

회사에서 책상을 대충 정리하고 집에 도착했는데, 남편이 그 늦은 시간에 김밥을 싸고 있었다. 긴 비행시간 동안 내가 피곤하고 배고플까 염려해서 정성스럽게 준비하고 있었던 것이다. 그런데 나는 그런 남편의 마음을 헤아리지 못하고 톡 쏘아붙였다.

"기내에서는 냄새도 나지 않는 기내식이 매끼마다 나오는데, 그걸 가지고 들어가면 사람들이 얼마나 싫어하겠어."

기가 푹 죽은 남편은 아무 말 없이 짐을 꾸리는 나를 도와줄 뿐이었다. 다음날 남편은 공항에 배웅을 나와 건강하게 잘 다녀오라며 내게 쪽지 하나를 건넸다. 비행기에 올라 자리를 잡고 남편이 준 쪽지를 펼쳤다.

"사실 난 한 번도 비행기를 타 본 적이 없어서 기내식이 나오는지, 김밥을 가져가면 안 되는지도 몰랐어. 신혼여행 때라도 꼭 한 번 비행기를 타보고 싶었는데, 편하게 동해안 일주가 좋겠다는 당신 말에 늘 업무상 지겹게 비행기를 타는 당신의 입장이 이해가 가서 말도 못 꺼냈는데…. 하지만 난 늘 당신이 자랑스러워. 내가 가 보지 못한 나라의 여러 가지 이야기를 당신을 통해 들을 수 있고, 늘 당당한 모습으로 힘차게 앞을 향해 나가는 당신을 정말 사랑해."

여기까지 읽자 나는 더 이상 읽을 수가 없었다. 그 같은 남편의 배려에 '해외 출장가는 걸 왜 남편에게 허락받아야 되나' 할 정도로 나만을 생각했던 모습이 부끄러웠다. 이번 휴가에는 모든 일정을 다 미루고라도 꼭 제주도에 가려고 한다.

 예화와 관련된 말씀

그러나 너희도 각각 자기의 아내 사랑하기를 자신 같이 하고 아내도 자기 남편을 존경하라(엡 5:33).

23 가정을 세우자

원만하고 화목한 가정은 4가지 특징이 있다.

첫째, 자기의 가치를 인정하고 존중히 여기는 가정(self worth)이고,

둘째, 서로간의 뜻이 통하는 가정(communication)이고,

셋째, 규칙이 있고 질서가 있는 가정(rule)이고,

넷째, 사회와 잘 조화되어 연결된 가정(Link to society)이 그것이다.

'백화점 왕'으로 불리는 워너 메이터는 '물질 지상주의자'는 아니었다. 그는 기업의 이윤을 사회에 환원시키는 훌륭한 기업인이었다.

뿐만 아니라 금주, 금연운동과 매춘 추방운동에 앞장섰다. 사회의 약자인 실업자와 여성들을 위한 교육기관을 건립해 국민들의 존경을 한 몸에 받았다.

한 기자가 그에게 물었다.

"당신은 어떻게 이런 사회사업을 펼칠 수 있었습니까?"

그러자 워너 메이터는 빙그레 웃으면서 대답했다.

"내 인생의 모든 가치관은 유년시절에 거의 배웠습니다.

주일학교가 저의 교육장이었지요."

  현명한 부모가 자녀에게 물려줄 수 있는 최고의 유산은 신앙과 좋은 습관이다. 묘목을 곧게 키우기는 쉽지만 굽은 고목을 바로 잡기는 어렵다. 자녀가 탈선하면 그 책임의 절반은 부모의 몫이다. 가정은 천국을 통역한다. 시대가 악하여지고 가정이 기초가 위협받는 지금, 더더욱 굳건한 가정을 바로 세워야 할 것이다.

예화와 관련된 말씀

여호와를 경외하는 자에게는 견고한 의뢰가 있나니 그 자녀들에게 피난처가 있으리라(잠 14:26).

24 밥을 태운 건 마찬가지인데

 시어머니가 밥을 짓기 위해 며느리에게 불을 때라고 일렀다. 갓 시집 온 며느리는 밥 짓는 경험이 없는 터라 밥물이 넘치는 줄도 모르고 계속 불을 때다가 밥은 타고 솥은 금이 가고 말았다. 놀란 며느리가 전전긍긍하고 있자 시어머니가 위로 했다.
 "내가 물을 너무 적게 부어서 그렇게 됐다. 미안하다."
 그 때 시아버지가 나오더니 이렇게 말했다.
 "내가 부엌에 땔감을 너무 많이 들여서 그렇다. 미안하다."
 그러자 신랑은 얼른 이렇게 말했다.
 "내가 너무 물을 적게 길어 와서 그렇게 됐소. 내 잘못이오."
 한편 길 건너에는 술집이 있었다. 그 집에서도 새 며느리에게 불을 때라고 했고, 역시 밥이 타고 솥은 깨졌다. 화가 난 시어머니가 욕설을 퍼붓고 구박을 했다.
 그러자 며느리는 일부러 그랬겠느냐며 대들었고, 시아버지는 어디서 말대꾸냐며 호통을 쳤다. 그리고 그것을 지켜

보던 신랑이 손찌검을 하자 새댁은 죽이라며 대들었다.

상황은 똑같은데 두 가정이 너무나 대조적이다. 우리의 가정과 교회, 그리고 지금 우리나라에 필요한 것은 다름 아닌 이해, 사랑, 화해의 물꼬를 트는 것이다.

예화와 관련된 말씀

이같이 너희 빛이 사람 앞에 비치게 하여 그들로 너희 착한 행실을 보고 하늘에 계신 너희 아버지께 영광을 돌리게 하라(마 5:16).

25 | 이해

가정 상담가인 '딘 마틴'이 〈좋은 결혼은 갑자기 이루어지지 않는다〉라는 책을 썼다.

그는 아내들을 대상으로 "당신은 좋은 남자를 만났다고 생각하십니까?"라는 설문 조사를 하여 통계를 책에 발표했는데, 그 내용이 재미있다.

먼저, 결혼 후 1년쯤 된 아내들은 "좋은 남자를 만났다고 생각하십니까?" 하는 설문에 98%가 "예"라고 대답한다고 한다.

그런데 결혼 후 2년 정도만 지나면 그 수치가 뚝 떨어져서 거의 절반인 56%만 "예"라고 대답하고,

10년쯤 지나면 권태감이 생겨서 그런지 모르지만 겨우 6%만이 "예"라고 대답한다고 한다. 제일 위험한 때라고 할 수 있다.

그러나 결혼한 지 20년 지난 뒤에는 무려 95%가 "나는 좋은 남자를 만났습니다." 하고 응답을 하더라는 것이다.

이 통계를 제시하면서 '딘 마틴'은 이렇게 말했다.

"부부가 상대를 이해하고 한 짝으로서 안정감을 가지려면

적어도 20년은 걸린다.

그러므로 결혼하고서 20년 이전에 헤어지는 것은 조급한 결정이다. 부부의 사랑이란 적어도 10년, 20년을 살면서 무르익어 갈수록 온전해지는 것이다."

 예화와 관련된 말씀

인자의 온 것은 섬김을 받으려 함이 아니라 도리어 섬기려 하고 자기 목숨을 많은 사람의 대속물로 주려 함이니라(막 10:45).

02
약속이 있는 첫 계명이니

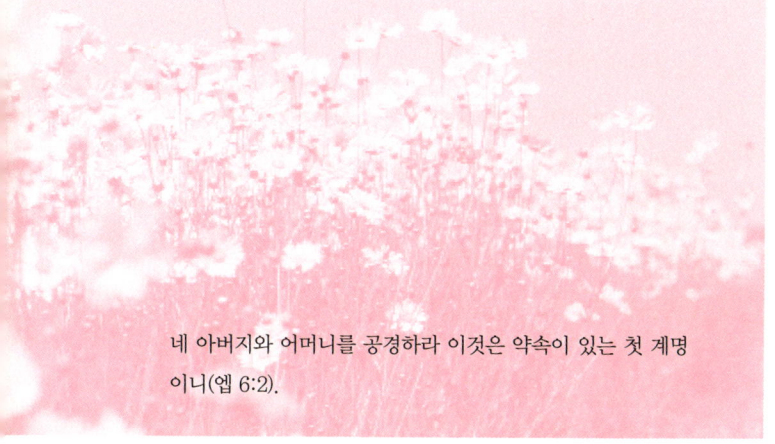

네 아버지와 어머니를 공경하라 이것은 약속이 있는 첫 계명이니(엡 6:2).

01 | 부모님에게 해 드릴 10가지 수칙

부모님들이 자주 사용하시는 말들은 다음과 같다.

"너도 늙어 봐라, 웃으며 살게, 돈 있으면 간식이라도 사 올 텐데, 내가 할 일은 없을까?, 얘, 오늘 무슨 일 있었니?, 때르릉~ 우리 큰 앨 거야, 내가 뭐하면서 지금껏 살아왔누…"

이 말들 속에는 부모님의 애달픔, 사랑, 허무, 관심이 모두 담겨 있다.

부모님을 잘 섬기는 자는 하나님을 섬길 자세가 되어 있는 사람이다. 앞으로 부모님에게 실천할 10가지 수칙이 있다.

1. 사랑을 고백하기
2. 늙음을 이해하기
3. 웃음을 선물하기
4. 용돈을 꼭 챙겨 드리기
5. 일거리를 드리기
6. 이야기 자주 해 드리기
7. 밝은 표정으로 부모에게 가장 큰 선물하기

8. 작은 일도 상의하고 문안 인사드리기
9. 부모님 인생 잘 정리해 드리기
10. 부모님의 방식 인정해 드리기

 예화와 관련된 말씀

자녀들아 주 안에서 너희 부모에게 순종하라 이것이 옳으니라 네 아버지와 어머니를 공경하라 이것은 약속이 있는 첫 계명이니 이로써 네가 잘되고 땅에서 장수하리라(엡 6:1~3).

02 | 글 모르는 시어머니

　어느 날 시골마을에 도시처녀가 시집을 오게 되었다. 그런데 마침 옆집에 있던 수다를 좋아하던 아주머니가 그 집 시어머니에게로 와서 귀 뜸을 해주었는데 요즘 도시처녀는 위아래도 모르는 사람들이기에 시어머니가 조금만 허점만 보이면 시어머니도 우습게 본다는 것이었다. 그러니 애초에 잘 휘어잡으라고 귀 뜸을 주었다.

　이제 신혼여행을 마치고 아들 내외가 시골에서 어머니와의 삶을 살았다. 그런데 이 시어머니는 도시에서 많이 배운 며느리에게 지고 싶지가 않았던지 매일 아침이면 궁리 끝에 신문을 들여다보기 시작했다. 신문을 보면서 "아이고 이놈의 죽일 놈들 이런 놈들이 많으니 세상이 이꼴이지"라면서 분통을 터트렸고 그것을 본 며느리는 자기 시어머니의 지식에 감탄했다. 그래서 어느 날 남편에게 이 사실을 알렸더니 남편은 고개를 갸우뚱하며 "어 이상하다 우리 어머니는 까막눈이신데"라고 말하는 것이었다.

　그러던 어느 날이었다. 시어머니가 신문을 보고 있으니 며느리가 은근히 시어머니에게 신문에 무엇이 있느냐?고 물었더니 시어머니는 "아! 글쎄 이놈들이 세상에 대낮에 몽둥이를 들고 행패를 부리고 있지 않냐? 세상에 이런 백주대낮에 죽일 놈들 봤나?"하면서 분통을 터트렸다. 며느리는 그 기사를 보고 그만 웃음이 나오는 것을 억지로 참았다. 다름 아닌 그 신문의 사진은 야구선수가 방망이를 들고 서있는 것이었다. 그러니 글을 모르는 시어머니는 그것을 방망이를 들고 서있는 깡패로 착각할 수밖에.

그런데 참 여기에서 중요한 것은 바로 그 며느리가 그것을 보고서 비웃지 않고 같이 성을 내면서 시어머니 편을 들어주는 것이었다.

예화와 관련된 말씀

그가 타작 마당으로 내려가서 시어머니의 명령대로 다 하니라 (룻 3:6).

아들이 아버지를 멸시하며 딸이 어머니를 대적하며 며느리가 시어머니를 대적하리니 사람의 원수가 곧 자기의 집안 사람이리로다(미 7:6).

03 | 가정예배의 소중함

 7남매를 둔 가난한 어머니가 있었다. 어머니는 먹을 것이 없어서 자주 술지게미에 사카린과 물을 타서 자녀들에게 먹였다. 빈속에 술지게미를 먹은 자녀들은 취기가 돌았다. 학교에서 선생님으로부터 호된 꾸지람을 들었다.
 "어린 것이 술을 먹고 등교하다니…용서할 수 없다."
 소년은 아무 말도 못하고 벌을 받았다.
 소년의 어머니는 가난했지만 자녀들에게 항상 '정직'과 '봉사'를 강조했다.
 어머니는 비록 술지게미를 먹였지만 매일같이 자녀들을 위해 열심히 기도했다. 그리고 자녀들과 함께 가정예배를 드리며 이렇게 강조했다.
 "앞으로 너희들은 모두 훌륭한 종들이 될 것이다. 훌륭한 종이 되었을 때 오늘의 시련을 자랑스럽게 이야기 할 날이 곧 올 것이다. 술지게미를 먹던 오늘의 고통을 절대 잊지 말아라."
 7남매는 어머니로부터 엄격한 신앙교육을 받으며 자랐다. 이 자녀들은 장성해 모두 우리나라의 훌륭한 목회자가 되었다.

  바로 이숙녀 전도사와 아들 김선도, 김홍도, 김국도 목사의 이야기이다. 어머니와 함께 드린 가정예배는 자녀들의 인생을 바꾸어 놓았다.

 예화와 관련된 말씀

  악에 속한 사람들과 속이는 자들은 더욱 악하여져서 속이기도 하고 속기도 하나니, 그러나 너는 배우고 확실한 일에 거하라. 네가 뉘게서 배운 것을 알며(딤후 3:14).

20 | 세계적인 의사로 성장시킨 어머니 사랑

 소아 뇌수술의 일인자 벤카슨 박사의 어머니는 최악의 환경에도 불구하고 아들을 세계적인 의사로 성장시켰다. 그는 흑인이라 늘 따돌림을 받았고, 초등학교 5학년 때까지도 언제나 꼴지는 그의 차지였다. 그의 어머니 소냐 카슨은 가족의 생계를 위하여 쉬지 않고 일했다. 밤이 늦어서야 납덩어리처럼 피곤한 몸을 이끌고 귀가했지만, 자녀들에게 세심한 배려를 아끼지 않았다.

 "애야, 넌 마음만 먹으면 어떤 사람이라도 될 수 있어."

 어머니는 날마다 이런 말로 용기를 주며 아들을 바른 길로 인도하려고 무진 애를 썼다. 카슨은 초등학교 5학년 때 꼴찌를 했다고 자신을 놀리는 급우들과 싸움을 했다. 얼굴은 터지고 퉁퉁 부었다. 거기다가 눈에 티까지 들어가 몹시 쓰라리고 아팠다. 그날 밤, 늦게 귀가한 어머니는 아들의 그런 모습을 보고도 말이 없었다. 묵묵히 약을 발라 주고 찜질을 해주던 어머니는 아들을 가만히 눕히고 유방을 내어 젖을 눈에다 두세 방울 떨어뜨려 주었다.

 벤 카슨 박사는 그때를 회상하며 이렇게 말했다.

"스며드는 젖에 쓰라리고 아프던 눈 속이 축축해져 티가 빠졌고, 그때 나는 어머니의 뜨거운 사랑을 느꼈습니다."

어머니는 아들을 품에 꼭 안아 주며 평소처럼 용기를 주는 말을 했다.

"애야, 넌 마음만 먹으면 어떤 사람이라도 될 수 있어. 노력만 하면 돼. 노력이 사람을 위대하게 만드는 가장 중요한 요소란다."

어떠한 경우라도 포기하지 않고 최면술사적으로 용기를 불어넣어 주던 어머니의 사랑은 마침내 아들의 인생을 변하게 만들었다. 그는 노력하기 시작하면서부터 조금씩 성적이 향상되어 사우스 웨스턴고교를 3등으로 졸업했고, 명문 미시간대학 의과대학에 합격하여 연구·노력한 결과 마침내 세계적인 명성을 얻게 된 것이다.

예화와 관련된 말씀

그러나 내가 가는 길을 그가 아시나니 그가 나를 단련하신 후에는 내가 순금 같이 되어 나오리라(욥 23:10).

05 사랑도 결단해야

철학자인 이마누엘 칸트(Immanuel, 1724~1804)는 무엇이든지 깊이 생각하고 결정하는 매우 냉철한 사람이었다.

그는 평소 친하게 지내던 여인으로부터 계속 청혼을 받았으나 쉽게 답변을 하지 않고 있었다.

답답했던 여인이 드디어 칸트에게 다가와 결혼 여부를 분명히 말하라고 다그쳤다.

칸트는 "생각해 보겠습니다"라고 간단하게 말한 뒤 바로 도서관에 가서 결혼에 관한 책들을 찾아 결혼에 대해 찬성하는 의견과 반대하는 의견을 모아 연구하며 결혼을 해야 좋을지 안해야 좋을지를 분석했다.

그리고 여인의 집에 찾아가 그녀의 아버지에게

"당신의 따님과 결혼하기로 결정했습니다"라고 말했다.

그러자

"여보게, 너무 늦었네. 내 딸은 벌써 결혼해서 두 아이의 어머니가 됐다네"라고 대답했다.

사랑은 머리로 하는 것이 아니다. 그가 철학자이든 과학자이든 사랑은 철학적 이론이나 과학적 논리로 하는 것이 아니다. 눈에서 시작해서 입으로 고백되는 가슴으로 하는 것이다.

 예화와 관련된 말씀

여호와 하나님이 이르시되 사람이 혼자 사는 것이 좋지 아니하니 내가 그를 위하여 돕는 배필을 지으리라 하시니라(창 2:18).

이러므로 남자가 부모를 떠나 그의 아내와 합하여 둘이 한 몸을 이룰지로다(창 2:24).

아내를 얻는 자는 복을 얻고 여호와께 은총을 받는 자니라(잠 18:22).

06 | 어머니의 사랑

뉴욕주에서 지도력 있는 한 목사가 한 번은 내게 성품이 악한 어느 아버지에 관해 이야기를 한 적이 있다.

어머니는 자기 아들이 아버지에게 오염되는 것을 막기 위해 최선을 다했다. 그러나 계속된 아버지의 악영향으로 그 아들은 온갖 종류의 죄를 짓게 되었고, 마침내 흉악범이 되고 말았다.

그는 살인죄로 재판에 회부되었다. 아버지가 죽었으므로 재판 내내 홀어머니가 법정에 앉아 있었다. 증인이 아들에게 불리한 증언을 할 때마다 아들보다는 어머니의 마음이 훨씬 더 상하는 듯했다.

그가 유죄 선고를 받고 사형을 언도 받았을 때, 그 판결이 정당하다고 느꼈던 다른 모든 사람들은 그 결과에 만족하는 듯했다. 그러나 그 어머니의 사랑은 결코 망설이지 않았다. 그녀는 사형 집행 연기를 간청했지만 기각되고 말았다.

사형 집행 후에 어머니가 아들의 시신을 달라고 간청한 것마저도 거절당하고 말았다. 관습에 따라 아들의 시신은 감옥 뜰에 묻혔다.

그 후 얼마 안 있어 그 어머니 자신도 숨을 거두었다. 그러나 숨을 거두기 전에 그녀는 아들 곁에 묻히고 싶다는 소망을 유언으로 남겼다.

그녀는 살인자의 어머니로 알려지는 것을 부끄러워하지 않았던 것이다.

 예화와 관련된 말씀

네 아버지와 어머니를 공경하라 이것은 약속이 있는 첫 계명이니(엡 6:2).

매를 아끼는 자는 그의 자식을 미워함이라 자식을 사랑하는 자는 근실히 징계하느니라(잠 13:24).

07 | 아버지의 목발

어머니, 아버지, 딸 이렇게 세 식구가 여행을 하다가 교통사고가 났다. 자동차가 언덕 아래로 구르는 큰 사고였다. 어머니만 상처가 가벼울 뿐, 아버지와 딸은 모두 크게 다쳐서 평생 목발을 짚고 다녀야 했다. 당시 사춘기였던 딸은 무엇보다 마음의 상처가 깊었다. 친구들이 체육을 할 때도 딸은 조용히 그늘에서 그들을 구경만 해야 했다. 친구들이 조잘거리며 몰려다닐 때도 딸은 늘 혼자 목발을 짚고 집으로 와야 했다. 울기도 많이 울었다.

그나마 같은 목발 신세인 아버지가 큰 위안이 되었다. 딸이 투정을 부리면 그 처지를 누구보다 잘 아는 아버지가 나서서 말없이 받아 주었다. 어려운 사춘기를 잘 넘기고 딸은 대학에 진학했다. 입학식 날 아버지가 참석해서 딸을 껴안아 주었다.

"네가 내 딸이라는 것이 자랑스럽구나."

그 해 어느 날 세 식구가 나란히 길을 가고 있었다. 마침 앞에서는 작은 꼬마 하나가 공놀이를 하고 있었다. 그런데 공이 큰길로 굴러가자, 꼬마는 공을 주우러 트럭이 전 속력으로 달려오는 길로 뛰어들었다. 이때 놀라운 일이 딸 앞에서 벌어졌다. 아버지가 목발을 내던지고 길로 뛰어들어 소년을 안고 길 건너 쪽으로 달려가는 것이었다. 딸은 자기 눈을 믿을 수 없었다. 잠시 후 어머니가 다가와서 딸을 꼭 껴안고 이렇게 속삭였다.

"얘야, 이제 말할 때가 된 것 같구나. 사실 너의 아버지는 전혀 아프지 않단다. 퇴원 후에 다 나았거든. 그런데 네가 목발을 짚어야 된다는 사실을 알고, 아버지도 목발을 짚겠다고 자청하셨단다. 너랑 아픔을 같이 해야 한다고 말이다. 그게 벌써 5년이 되었구나."

딸은 길 건너에서 손을 흔드는 아버지를 보며 하염없이 눈물을 흘렸다.

예화와 관련된 말씀

사랑은 오래 참고 사랑은 온유하며 시기하지 아니하며 사랑은 자랑하지 아니하며 교만하지 아니하며 무례히 행하지 아니하며 자기의 유익을 구하지 아니하며 성내지 아니하며 악한 것을 생각하지 아니하며 불의를 기뻐하지 아니하며 진리와 함께 기뻐하고 모든 것을 참으며 모든 것을 믿으며 모든 것을 바라며 모든 것을 견디느니라(고전 13:4~7).

08 | 딸을 기다린 어머니

 영국 스코틀랜드의 교회에서 예배를 드리던 중이었다. 한 여자가 큰 소리로 울면서 회개하는 것이었다. 그 여자는 산골짜기에서 어렵게 살았다. 그런데 가난한 생활이 싫어서 그만 집을 나왔다.

 도시로 나온 그 여자는 쉽게 일자리를 구하지 못하자 나쁜 길로 빠졌다. 사람들이 손가락질 하는 못된 짓을 하며 살았다. 이렇게 살아온 그 여자가 예배에 참석했다가 설교를 듣다가 설교에 감동을 받고 자기의 잘못을 뉘우치게 된 것이다.

 "어머니께 용서를 빌러 가야지."

 하나님께 회개한 다음 그 여자는 자기가 살던 집을 9년 만에 찾아갔다.

 깜깜한 밤, 산길을 걸어 집에 다다랐다. 방안에서 불빛이 새어 나오고 있었다. 대문이 열려 있었다.

 "어머니 혼자 계실텐데 왜 대문이 열렸지?"

 그 여자는 궁금해 하면서 집으로 들어갔다.

 "어머니~"

"누구요? 아니, 이게 누구냐? 내 딸이 아니냐!"
늙으신 어머니가 급히 뛰어 나오셨다.
"어머니, 저를 용서해 주셔요."
그 여자는 땅바닥에 무릎을 꿇고 울었다. 어머니는 딸의 볼을 어루만져 주셨다.
"네가 집을 나간 다음, 언제나 들어오라고 문을 열어놓았었지, 너를 기다린 보람이 있구나. 잘 왔다!"
어머니는 집을 나간 딸을 미워하지 않고, 이제나 저제나 딸이 올 때를 기다리며 사신 것이었다.

 예화와 관련된 말씀

이 내 아들은 죽었다가 다시 살아났으며 내가 잃었다가 다시 얻었노라 하니 그들이 즐거워하더라(눅 15:24).

09 | 딸이 쓴 청구서

어느 날 조니는 엄마에게 한 장의 청구서를 제시했다.
"엄마 말씀대로 열심히 공부해서 우등생이 된 값 20달러.
집에서 심부름한 값 10달러.
엄마가 음악공부 하라 해서 피아노 친 값 5달러.
집에서 청소한 값 10달러.
기타 동생을 돌본 값 10달러.
계 55달러."

이를 본 엄마는 빙그레 웃으시면서 저녁 식탁 위에 조니가 청구한 55달러와 함께 한 장의 편지를 놓았다. 내용인즉
"엄마가 매일 밥 지어준 값 30달러.
매일 세탁해 준 값 30달러.
잘 재워준 값 40달러.
기타 바느질해 주고 돌봐준 것 30달러.
계 130달러.

그러나 엄마는 조니를 무척 사랑하기 때문에 이 모든 것 무료"라고 씌어 있었다.

이것을 받아든 조니의 손은 떨리기 시작했고 두 눈에서는

눈물이 흐르고 있었다. 지금까지 어머니의 크신 사랑도 깨닫지 못한 자기의 잘못을 뉘우치며 엄마의 품에 안겼다.

"엄마, 잘못했어요. 저의 잘못을 용서해 주세요. 이제야 엄마의 그 큰사랑을 깨달았어요."

엄마는 조니를 안아 주었다.

"고맙다 조니야, 엄마가 조니를 얼마나 사랑하는지를 네가 깨달았으니 정말 고맙구나."

혹 마음에 불평불만이 생기는가? 그렇다면 하나님께 감사할 것들을 적어보라. 그러면 하나님께서 우리에게 값없이 베풀어 주신 사랑을 깨닫게 될 것이다.

 예화와 관련된 말씀

사랑은 여기 있으니 우리가 하나님을 사랑한 것이 아니요 하나님이 우리를 사랑하사 우리 죄를 속하기 위하여 화목 제물로 그 아들을 보내셨음이라(요일 4:10).

10 | 사랑을 깨달을 때

 한 때 아버님을 몹시 증오한 적이 있었다. 심지어 어머니의 교통사고도 다 아버지 때문이라고 생각했다.
 그렇게 생각을 하게 되니 아버님께서 말씀하시는 모든 교훈은 비록 그것이 금과옥조와 같은 것이라 할지라도 내게는 시끄러운 잔소리 외에는 아무 것도 아니었다. 더욱이 그 분의 모든 명령은 차라리 소리 지르며 저항하고픈 괴롭고 답답한 주문이었다.
 그러던 어느 겨울날, 밤늦게 아르바이트를 마치고 귀가하여 방문을 막 열려하던 참이었다.
 그때 아랫방에서 "푸우, 으음"하는 숨소리와 함께 내 이름을 웅얼거리면서 잠꼬대를 하시는 아버님의 목소리가 들려왔다. 순간, 내 꿈을 꾸고 계시는 구나 생각하니 묘한 호기심이 일어나 문고리를 잡은 채 귀를 기울였다.
 그런데 코고는 소리, 둔탁한 숨소리와 함께 무엇이라고 내 이름을 부르며 웅얼거리시던 아버님의 입에서 이런 소리가 나왔다.
 "상래야 미안하다. 애비가 등록금도 못해주고…"

그 소리를 듣는 순간, 갑자기 귀가 윙하고 울리는 듯 했다. 문고리를 잡은 손에 경련이 일어났다. 방에 들어가 누웠어도 잠을 이룰 수가 없었다. 그날 난 "아버지 죄송해요."를 수없이 되뇌이며 얼마나 베갯머리를 적셨는지 모른다. 아버님의 잠꼬대를 듣고 난 그 다음날 아침, 난 전혀 새로운 아버님을 뵙게 되었다.

그러나 사실 그 날 바뀐 것은 아버님이 아니라 내 자신이었다. 아버님은 늘 그대로이셨다. 다만 그 날 내가 아버님을 알게 된 것뿐이었다. 정말 그 이후 나는 아버님이 소를 끌고 지붕에 올라가라 하시면 그렇게 할 수 있을 것 같은 마음이 들었다.

아버님은 끝내, 내가 왜 당신을 향해 그렇게 갑자기 바뀌게 되었는지를 알지 못하시고 떠나셨다.

 예화와 관련된 말씀

네 부모를 공경하라 그리하면 네 하나님 여호와가 네게 준 땅에서 네 생명이 길리라(출 20:12).

11 | 쌀알을 길에 뿌리는 어머니

 먹을 것이 풍족치 못했던 시절의 이야기이다. 부모가 나이가 들면 아들이 부모를 지게에 지고 가서 산 속에 버리는 풍습이 있었다. 부모를 버려두고 오는 이 풍습은 비단 우리 한국뿐만 아니라 가까운 중국과 일본에서도 성행했던 일이었다.

 그 시절 나이 드신 어머니를 고려장을 하기 위해서 지게에 앉히고 산 속으로 들어가고 있는 사람이 있었다.

 자식을 키우기 위해 온갖 고생을 다 하다 보니 남은 건 앙상한 뼈밖에 없는 가벼운 어머니를 업고 한참을 걷는데, 어머니는 자신이 며칠간이라도 먹어야 할 쌀알을 길에다 뿌리고 있었다.

 아들은 이상하게 생각했지만 버려지는 쌀이 아까워 쌀자루를 빼앗아 단단히 여미었다.

 그러자 노인네는 손에 닿는 나무 가지를 꺾기 시작했다. 아들도 어머니가 나뭇가지를 꺾는거야 뭐라고 할 수 없어 노인이 하는 대로 모르는 척 산길을 올라 목적지에 이르렀다.

"자, 어머니… 나라 법이 그러니 제가 어쩌겠어요. 부디 편안하세요."

아들은 마지막 인사를 올리고 떨어지지 않는 발길을 돌리려 했는데 그의 어머니가 자상한 목소리로 불렀다.

"애야, 산길이 험해. 네가 길을 잃을까 염려되는구나. 오는 길 내내 오른편 나무 가지를 꺾어 놓았으니 행여 잃지 말고 어여 내려가거라. 애들이 기다리겠어."

어머니란 이런 분이시다. 자신의 곤경보다 자식의 앞날을 더 걱정하고 가진 것을 다 주고도 모자라 자신의 살까지라도 베어 주기를 망설이지 않으신다.

예화와 관련된 말씀

아비를 조롱하며 어미 순종하기를 싫어하는 자의 눈은 골짜기의 까마귀에게 쪼이고 독수리 새끼에게 먹히리라(잠 30:17).

자녀들아 주 안에서 너희 부모에게 순종하라 이것이 옳으니라 네 아버지와 어머니를 공경하라 이것은 약속이 있는 첫 계명이니 이로써 네가 잘되고 땅에서 장수하리라(엡 6:1~3).

12 | 어머니의 목소리

 어떤 청년이 신앙생활이 싫고 어머니의 사랑의 권면이 싫어서 집을 나가기로 결심을 하였다. 그가 집을 떠나려고 하자 그의 어머니는 그 아들을 붙잡고 말했다.

 "애야, 나는 항상 이곳에서 너를 위해서 기도하마. 만일 네가 어디로 가야할지 알지 못하고 방황하거나 인생의 짐이 무거울 때 너는 하나님을 찾아라. 하나님이 분명히 응답해 주실 것이다."

 그 청년은 큰 도시로 나갔다. 그는 제멋대로 인생을 살았고 그 누구에게도 제약을 받지 않았다. 그러자 그는 점점 죄 속으로 빠져 들어갔다. 방탕한 삶을 살기 시작했다. 죄는 날이 갈수록 그의 기쁨을 빼앗아 갔다. 그는 깊은 절망의 웅덩이에 빠지게 되었고 결국 여관으로 가서 자살할 것을 결심하게 되었다. 그래서 여관으로 갔는데 그 방 귀퉁이에 성경책 한 권이 굴러다니고 있었다. 그는 그 성경책을 펼쳐서 읽기 시작했다. 그러자 그의 마음속에 이런 음성이 들려왔다.

 '애야, 어디로 가야할 지 알지 못하고 방황하거나 인생의 짐이 무거울 때 너는 하나님을 찾아라. 하나님께서 응답해

주실 것이다.'

그 순간 그는 무릎을 꿇고 하나님께 기도를 드렸다. 그 때 그는 하나님을 만나는 놀라운 역사를 체험했다. 그는 그 곳에서 나와 집으로 향했다. 어머니는 아들이 돌아온 것을 보고 뛰어나와 맞이하면서 말했다.

"애야, 나는 네가 돌아올 줄 알았단다. 하나님께서 너를 구원해 주실 것을 기도하며 기다리고 있었단다."

그는 변화 받아 열심히 신앙생활 하고 후에 미국의 대전도자이자 성서학자가 됐다. 그가 바로 그 유명한 토레이 박사이다. 한 때는 그도 자살하려고 했고 절망 속에서 몸부림 쳤지만 하나님을 만남으로 아름답고 복된 인생으로 쓰임 받게 되었던 것이다.

예화와 관련된 말씀

> 아무 것도 염려하지 말고 다만 모든 일에 기도와 간구로, 너희 구할 것을 감사함으로 하나님께 아뢰라 그리하면 모든 지각에 뛰어난 하나님의 평강이 그리스도 예수 안에서 너희 마음과 생각을 지키시리라(빌 4:6,7).

13 | 믿음과 사랑이 밑거름이 되어

 미국 제일의 심야 텔레비전 토크쇼 사회자로 유명한 코미디언 제이 리노의 부모님은 신앙심이 매우 깊은 분들로 자식 사랑이 남달랐다. 어렸을 때부터 곧잘 엉뚱한 일을 벌이는 그를 부모님은 "젊은 시절의 호기심은 좋은 경험이 된다."며 격려해 주곤 했다.

 제이 리노가 고교 졸업반이던 시절, 그는 몇 해 동안 모아 둔 용돈으로 큰 맘 먹고 중고 트럭을 하나 샀는데, 너무 낡아서 엔진 소리가 요란했으며 유리창도 모조리 부서져 있었다. 하지만 유리창을 갈아 끼울 만한 돈이 없어 그는 그대로 학교에 타고 다녔다.

 그러던 어느 날, 학교에서 수업을 받고 있던 리노는 갑작스럽게 비가 내리자 안절부절못했다. 학교에 몰고 온 트럭이 걱정되었기 때문이었다.

 '이를 어째. 비를 맞아 물이 새면 못쓰게 될 텐데. 그렇다고 수업 도중에 나갈 수도 없고.'

 주차장에 세워 둔 트럭에는 이미 깨진 유리창으로 빗물이 콸콸 흘러 들어가고 있었다. 이를 본 리노가 안타까움에 발을 동동 구르며 어쩔 줄 몰라 하고 있을 때였다. 갑자기 자동차 한 대가 트럭 옆에 멈춰 서는 것이 보였다. 순간 리노는 자신의 눈을 의심했다. 바로 아버지 차였기 때문이다.

아버지는 이날 비가 쏟아지자 아들이 학교에 타고 간 트럭이 비에 맞을 거라는 생각에 직장에서 서둘러 조퇴하고 어머니와 함께 학교로 왔던 것이다.

교실 창밖으로 장대비를 맞으며 아들의 차 트럭에 덮개를 씌우는 부모님의 모습을 보자 리노의 눈에서는 쉴 새 없이 눈물이 흘렀다. 그 날 리노는 '부모님의 사랑의 기대에 결코 어긋나지 않는 아들이 되어야겠다'고 굳게 결심했다.

예화와 관련된 말씀

내 아들아 여호와의 징계를 경히 여기지 말라 그 꾸지람을 싫어하지 말라 대저 여호와께서 그 사랑하시는 자를 징계하시기를 마치 아비가 그 기뻐하는 아들을 징계함 같이 하시느니라 (잠 3:11,12).

14 | 아들의 편지

 어떤 여인에게 초등학교 3학년과 1학년에 다니는 두 아이가 있었다. 남편은 오래 전에 교통사고로 죽었고, 이 가족은 간신히 헛간 일부를 빌려 가마니를 깔고, 백열등 한 개, 식탁과 책상을 겸한 사과 궤짝 한 개로 살았다. 그녀는 남편이 없지만, 아이들과 잘 살아보려 하였다. 오직 아이들의 행복을 위해서 열심히 살았다. 아침 여섯 시에 집을 나서서 빌딩 청소를 하고, 낮에는 학교 급식을 돕고, 밤에는 식당에서 접시를 닦으며 고되게 살았다. 그런데 고생의 시간이 흐를수록 그녀는 지쳐 갔다.

 급기야 그녀는 죽어야겠다는 생각을 먹기에 이르렀다. 그래서 수면제를 다량으로 사서 가방에 넣어 다니게 되었다. 집안 일은 초등학교 3학년 맏이 몫이었는데, 그래도 다행인 것은 이 맏이가 엄마 말을 잘 들었다.

 어느 날, 그녀는 냄비에 콩을 잔뜩 안쳐 놓고 집을 나서면서 메모를 써 놓았다.

 "영호야. 냄비에 콩을 안쳐 놓았으니 이것을 조려서 오늘 저녁 반찬으로 해라. 콩이 물러지면 간장을 넣어 간을 맞추면 된다. 엄마가."

그날도 하루 종일 일에 시달려 지친 어머니는 오늘은 꼭 죽겠다는 생각으로 수면제를 사들고 돌아왔다. 그때 두 아이가 가마니 위에서 이불을 덮고 나란히 잠들어 있었는데 맏이의 머리맡에 "엄마에게!"라고 쓰인 편지가 놓여 있었다.

"사랑하는 엄마, 오늘 엄마가 말해준 대로 콩이 물렁해졌을 때 간장을 부었는데 동생이 짜서 못 먹겠다고 투정해서 한 대 때렸더니 울다가 잠들어 버렸어요. 열심히 콩을 삶았는데… 엄마. 용서해 주세요. 내일은 일 나가기 전에 저를 꼭 깨워서 콩 삶는 법을 가르쳐 주세요. 엄마! 피곤하지요? 저희들 때문에 엄마가 고생하시는 것을 다 알아요. 꼭 건강하세요. 저 먼저 잘게요."

그 편지를 보고 어린 것들이 엄마 말 잘 듣고 열심히 살려는 모습을 보고 수면제를 버리고, 맏이가 만든 콩자반을 눈물범벅이 되어 먹었다.

예화와 관련된 말씀

내가 네게 명령하는 이 모든 말을 너는 듣고 지키라 네 하나님 여호와의 목전에 선과 의를 행하면 너와 네 후손에게 영구히 복이 있으리라(신 12:28).

15 | 거미의 희생

거미는 거미줄을 아침 이슬이 내리는 곳에 친다. 그것은 아침 이슬로 묻었던 먼지가 씻겨 지고 말랐던 끈끈이가 다시 살아나게 하려는 것이다. 그렇게 해 두고는 하루 종일 숨어서 지키고 있다.

어떤 때는 삼일씩이라도 끈기 있게 기다린다. 그러다가 먹이가 걸리면 쏜살같이 달려들어 포승을 한다. 그 걸린 놈이 어떤 것이든 잔인하게 공격한다. 어떤 때는 새들도 걸려든다. 날쌘 제비도 걸리면 용서 없이 거미의 먹이가 된다. 상상외로 잔인한 것이 거미이다.

그러나 그 거미가 자기 새끼에게는 얼마나 극진하고 헌신적인지 다시 한 번 놀라게 한다. 거미는 의심이 많아서인지 새끼를 거미줄에다 까지 않는다. 또한 거미줄에서 가까운 기둥이나 구석진 곳에 새끼를 까지 않는다. 그래서 거미의 새끼집을 본 사람은 없다. 거미는 자기 새끼를 자기 목 언저리에다 깐다. 그래서 어디로 옮겨 다니든지 목말을 태우고 다니는 격이 된다.

그리고 거미는 젖을 먹이지 않는다. 다른 날파리를 잡아 먹이지도 않는다. 거미의 새끼들은 어미의 목덜미를 파먹고 산다. 다른 짐승에게는 그렇게 잔인하고 끈질긴 거미가 자기 새끼에게는 자기의 몸을 희생하며 기른다.

 몇 마리의 새끼를 얻기 위하여 자기의 몸을 내어 주고 죽어 가는 거미의 희생은 우리를 놀라게 한다. 생존의 의미가 없는 것 같은 버러지도 생명을 얻기 위하여 희생을 서슴지 않는다면 천국과 함께 영생을 얻은 우리는 무엇인들 희생 못할까?

 거미는 결국 죽어서 껍질만 남아 바람에 날려 가면 새끼 거미들은 "우리 엄마 바람 타고 시집간다네." 한다고 한다. 이렇게 분별없는 새끼를 위해서 어미는 희생하고 죽어 가는 것이다.

 예화와 관련된 말씀

우리가 아직 죄인 되었을 때에 그리스도께서 우리를 위하여 죽으심으로 하나님께서 우리에 대한 자기의 사랑을 확증하셨느니라(롬 5:8).

16 계모를 감동 시킨 효자의 마음

 중국의 성인 공자의 제자 중에 민손이라는 사람이 있었다. 그는 공자의 뛰어난 제자 열 명 중의 한 사람이었다. 그는 어릴 때에 어머니를 여의고 아버지가 후처를 맞았는데 그 계모는 아들 둘을 낳았다. 그 계모는 자신이 낳은 아들만 사랑하고 전처가 낳은 민손에게는 사랑을 베풀지 않았다. 계모는 자신이 낳은 아들들에게는 두툼한 솜옷을 입혔으나 민손에게는 갈대꽃을 따서 옷에 넣어 입혔다. 민손은 추위를 견딜 수가 없었다. 그러나 아무런 불평도 하지 않았기 때문에 민손의 집은 평화롭게 살아갈 수가 있었다.

 날씨가 추운 어느 겨울날이었다. 아버지가 외출을 하게 되었는데 마침 말을 모는 말몰이꾼이 없어 민손이 수레를 몰게 되었다. 추운 날씨에 솜 대신 갈대꽃을 넣은 옷을 입고 있는 민손은 추위를 참으며 수레를 몰았다. 그러나 얼마 안가서 손이 곱아 그만 말고삐를 놓치고 말았다. 이 때 아버지는 민손의 옷을 만져보게 되었으며, 그 옷은 솜이 들어 있는 것이 아니라 갈대꽃이 들어있다는 것을 비로소 알게 되었다. 아버지는 후처를 내쫓으려고 결심했다.

그러자 민손은 아버지 앞에 무릎을 꿇고 말했다.

"어머니가 계시면 자식 하나만이 춥게 지내지만 어머니가 가시면 세 자식이 모두 외롭게 됩니다."

아버지는 아들의 말을 듣고 마음속으로 깊이 감동되어 후처를 내쫓지 않았다. 그 후처는 이때에 민손의 갸륵한 마음씨를 알고 그 때부터 민손을 사랑하게 되었다는 것이다.

계모가 그대로 살면 민손 하나가 춥게 지내지만 계모가 집에서 쫓겨 나가면 세 자식 모두가 외롭게 된다는 말은 참으로 훌륭한 말이라고 하지 않을 수 없다.

민손이 계모 밑에서 춥고 외롭게 지냈지만 그러한 것을 아버지에게 말하지 않은 것은 아버지의 마음을 아프게 할까 걱정이 되었기 때문이다.

예화와 관련된 말씀

또 아비들아 너희 자녀를 노엽게 하지 말고 오직 주의 교훈과 훈계로 양육하라(엡 6:4).

무엇보다도 뜨겁게 서로 사랑할지니 사랑은 허다한 죄를 덮느니라(벧전 4:8).

17 | 링컨의 아버지상(像)

 링컨의 아버지 토마스 링컨은 1637년 영국에서 이민 온 직공의 후예로 토마스 역시 신발 만드는 일을 하였다. 링컨이 대통령에 선출되었을 때, 높은 학력에 명문 귀족 집안 출신이었던 상원의원들은 신발 제조공 집안 출신에다 제대로 학교도 다니지 못한 링컨 밑에서 일해야 한다는 것이 여간 불쾌하지 않았다.

 링컨이 대통령에 선출되어 많은 상원의원들 앞에서 취임 연설을 하게 되었다. 링컨이 단 앞에 막 입을 열려 할 때 한 상원의원이 일어나 링컨을 향해 말했다.

 "당신이 대통령이 되다니 정말 놀랍소. 그러나 당신의 아버지가 신발 제조공이었다는 사실을 잊지 마시오. 가끔 당신의 아버지가 우리 집에 신발을 만들기 위해 찾아오곤 했소. 이 신발도 바로 당신 아버지가 만든 것이오."

 그런 후 그는 자기 신발을 내려다보았다. 그러자 여기저기서 킥킥거리는 웃음이 새어 나왔다. 링컨은 조용히 서 있었다. 키가 훤칠한 링컨의 몸집은 조금도 흔들리지 않았다. 그러나 그의 눈엔 눈물이 가득 고였다. 그것은 부끄러움의 눈물이 아니었다. 링컨은 단호한 목소리로 말했다.

"고맙습니다. 의원님 때문에 한동안 잊고 있던 내 아버지의 얼굴이 기억났습니다. 내 아버지는 신발 제조공으로 완벽한 솜씨를 가진 분이셨습니다. 나는 아버지를 능가할 수 없었습니다. 다만 아버지의 위대함을 따라잡으려 노력할 뿐이었습니다. 여기 이 자리에 모이신 분들 중엔 내 아버지가 만드신 신발을 신으신 분들도 계실 것입니다. 만약 신발이 불편하다면 제게 말씀해 주십시오. 아버지의 기술을 옆에서 보고 배웠기에 조금은 손봐 드릴 수 있을 겁니다. 물론 제 솜씨는 돌아가신 아버지에 비교할 수 없습니다다만은…"

훗날 우리도 우리의 자녀들에게 이런 고백을 받을 수 있다면 결코 우리의 생애가 헛되지 않았노라고 떳떳이 이야기할 수 있을 것이다.

예화와 관련된 말씀

아비를 조롱하며 어미 순종하기를 싫어하는 자의 눈은 골짜기의 까마귀에게 쪼이고 독수리 새끼에게 먹히리라(잠 30:17).

내 아들아 네 아비의 훈계를 들으며 네 어미의 법을 떠나지 말라(잠 1:8).

18 | 며느리의 효성

 어느 착하고 효성스러운 며느리가 있었다. 시어머니와 남편, 그리고 어린 아기 모두 네 식구가 아주 가난하게 살아가고 있었다. 그러던 중 시어머니의 생신이 다가왔다.

 그러나 어려운 살림에 따뜻한 쌀밥 한 그릇도 해 드릴 수 없는 처지였다. 궁리 끝에 며느리는 긴 머리 단을 잘라 쌀로 바꾸고 알지 못하도록 머리에 수건을 썼다.

 생신날 아침 밥상에는 정성 드려 지은 쌀밥과 고깃국이 놓여 있었다. 며느리의 정성에 시어머니는 목이 메었다.

 며느리는 시어머니를 즐겁게 하여 드리려고 머리채를 깎아 팔았다는 것은 쉬운 일이 아니다. 중이 되면 머리를 깎지만 여느 부인이 머리채를 깎는다는 것은 너무도 부끄럽고 창피한 일이다.

 그런데 어린 아기가 갑자기 엄마의 머리 수건을 움켜쥐고 잡아당기는 바람에 그만 수건이 벗겨졌다. 며느리의 모습을 본 어머니는 와락 며느리를 껴안고 감동의 눈물을 흘렸다.

 이 이야기에서 우리는 웃어른을 공경하는 아름다운 효도의 정신을 찾을 수 있다. 그것은 형식적으로 나타내는 겉치

레가 아니라 사랑을 바탕으로 한 진실한 마음이다.

인간된 도리를 다하기 위해서라면 자신의 귀중한 머리채까지 아까워하지 않는 고운 마음씨, 그것은 결코 누구나 쉽게 가질 수 있는 심성이 아니다. 그러기 때문에 너무 가치 있는 것이기도 하다.

그러한 정신은 내 부모 뿐 아니라 남의 부모, 이웃, 형제, 모두에 대한 공경과 사랑으로 확대되고 인류애로까지 이어질 때 더욱 윤리와 도덕이 빛나는 삶이 될 것이다. 정녕 효도하는 마음, 효도의 실천은 아름다운 것이다.

 예화와 관련된 말씀

내 아들아 네 아비의 명령을 지키며 네 어미의 법을 떠나지 말고 그것을 항상 네 마음에 새기며 네 목에 매라(잠 6:20,21).

19 | 무덤을 지킨 문익점

1378년 5월, 왜구는 수백 척의 배를 이끌고 남해안에 상륙했다. 이 소식을 들은 배양촌 사람들은 저마다 앞을 다투어 피난을 떠났다. 효성이 지극했던 문익점은 여막(상제가 거처하는 초가)을 짓고 2년째 어머니의 무덤을 지키고 있는 중이었다. 왜구가 배양촌에 쳐들어오자 하인이 여막으로 허겁지겁 달려와서 말했다.

"나리, 왜구가 쳐들어오니 어서 몸을 피하십시오."

"그래? 그러면 집안 식구들을 피난시켜야겠구나. 내 염려 말고, 어서 집안 식구들과 함께 안전한 곳으로 피하여라."

하인이 벌벌 떨면서 거듭 피난을 권유하였으나, 문익점은 여전히 고개를 가로저을 뿐이었다. 이튿날, 한 무리의 왜구가 무덤 앞에 엎드려 있는 문익점을 발견했다.

"이봐, 남들은 모두 도망갔는데, 너는 무슨 일로 여기 남아 있느냐?"

왜구의 대장이 서투른 우리말로 호통을 쳤다.

"보면 모르오? 나는 어머니의 무덤을 지키고 있는 중이오. 어미의 무덤을 지키는 일이 목숨보다 더 중요하단 말이냐?

부모 없이 어찌 자식이 있을 수 있겠는가!"

그러자 왜장은 "내가 알기론 효도란 부모가 살아 있을 때 하는 것이오. 부모의 무덤을 지키는 일은 쓸데없는 일이오. 목숨을 살려줄 터이니 어서 몸을 피하시오."

그러자 문익점은 "나는 오랫동안 집을 떠나 멀리 있었기 때문에, 어머니께서 살아 계실 때에 효도를 못했다. 그래서 돌아가셨지만 이제라도 효도를 하고자 한다. 나는 죽어도 이 자리에서 죽겠으니, 마음대로 해라."

문익점의 지극한 효성에 왜장은 감복할 수밖에 없었다. 왜장은 부하를 이끌고 돌아가며 큰 나무에다 '물해 효자(勿害 孝子 : 효자는 해치지 말라)' 라는 네 글자를 써서 마을 입구에 세웠다.

예화와 관련된 말씀

자녀들아 모든 일에 부모에게 순종하라 이는 주 안에서 기쁘게 하는 것이니라(골3:20).

20 | 시어머니에게 간을 떼어준 며느리

가정학습지 방문교사인 이효진씨는 지난 2002년 4월 경기 안산에서 야채도매상을 하는 남편과 결혼한 뒤로 경기도 시흥에서 시부모·시동생과 함께 살아왔다. 그런데 2003년 말 시어머니의 증세가 간경화 말기까지 악화됐다.

당시 남편을 비롯한 3형제가 모두 간 기증 가능여부를 위해 조직검사를 받았지만, 시어머니가 간염보균자여서 가족들도 모두 간염보균자로 판명이 나 "간 기증이 불가능하다"는 결과가 나왔다. 시아버지 역시 혈액형이 맞지 않았다.

이효진 씨는 2004년 1월 말 시부모와 친정 부모 몰래 병원을 찾아가 조직검사를 받았다. 검사결과는 '적합'으로 나왔고, 이효진씨는 남편과 상의한 뒤 가족들에게 이 사실을 알렸다. 16일 오전 7시 시어머니와 함께 수술대에 오른 이효진 씨는 장장 10여 시간 동안 수술을 받았다.

"처음엔 겁도 났고 친정어머니도 만류했어요. 하지만 시어머니도 제가 친정어머니처럼 사랑하는 제 어머니신데… 어떻게 가만히 있을 수 있겠어요."

2004년 3월 19일 오후 삼성서울병원 3층 중환자실에서 시어머니에게 자신의 간 60%(584g)를 떼어드린 결혼 3년차 며느리 이효진씨가 이식 수술 후 처음으로 만난 시어머니의 손을 꼭 잡았다.

수술 전 그녀가 자필로 병원 측에 제출한 '장기 이식대상자 선정사유서'의 '기증사유'란에는 "그 분을 사랑합니다"라고 적혀 있었다. 수술 후에 그녀를 처음 만난 시어머니의 입에서 나온 말도 "사랑한다"였다.

 예화와 관련된 말씀

자녀들아 우리가 말과 혀로만 사랑하지 말고 행함과 진실함으로 하자(요일 3:18).

룻이 시어머니에게 이르되 어머니의 말씀대로 내가 다 행하리이다 하니라(룻 3:5).

그것을 가지고 성읍에 들어가서 시어머니에게 그 주운 것을 보이고 그가 배불리 먹고 남긴 것을 내어 시어머니에게 드리매(룻 2:18).

21 | 아버지와 보물 상자

아내를 여의고 홀로 사는 노인이 있었다. 그러나 불운이 겹쳐 빈털터리가 된 데다 노약해서 더 이상 일할 수도 없게 되었다. 결혼한 아들이 셋이나 있었지만, 제각기의 살림에 바빠 일주일에 한 번쯤이나 그것도 돌아가며 아버지와 저녁을 같이 하는 게 고작이었다. 아버지는 차츰 기력마저 떨어졌다. 노인은 어떻게 했으면 좋겠는가 곰곰이 궁리했다. 드디어 한 생각이 떠올랐다. 그는 목수를 찾아가서 큰 궤를 하나 만들어 달라고 부탁했다. 노인은 궤짝을 집으로 가지고 와서 그 속을 깨진 유리조각으로 채우고 난 다음에 단단히 자물쇠를 채웠다. 그리고는 그것을 부엌 식탁 밑에 놓았다. 며칠 후에 아들들이 찾아와서 저녁을 먹다가 발에 걸리는 궤를 발견했다.

"궤 속에 무엇이 들어 있습니까?"라고 아들들이 물었다. 별 것 아니라며 끝내 무엇이 들어 있는지를 밝히지 않았다.

'아버지가 한 평생을 몰래 저축해온 금화로 가득 차 있는 게 틀림없다.'

이렇게 세 아들은 서로 수군거렸다. 아버지가 돌아가실 때까지 그 보물 궤를 지켜야겠다고 생각한 세 아들은 번갈아 가며 아버지와 함께 살기로 했다. 드디어 아버지는 병들어 돌아가셨다. 그들은 장례식이 끝나자마자 아버지 집으로 달려와서 열쇠를 찾았다. 그리고 궤를 열어 봤으나 그 속에는 깨진 유리조각들 뿐이었다.

"우리를 이렇게 감쪽같이 속여 오다니 아버지도 너무 하셨다." 이렇게 큰아들이 소리 질렀다. 그제야 양심의 가책을 느끼기 시작한 둘째 아들이 형에게 말했다.

"아버지는 그럴 수밖에 없지 않았어? 만약에 이 궤가 없었던들 우리 모두 아버지가 돌아가실 때까지 돌봐드릴 생각은 하지 않았을 게 아냐."

이 말을 들으면서 막내아들은 하염없이 뉘우침의 눈물을 흘리기만 했다. 그래도 큰 아들은 혹시나 하고 궤 속의 유리 조각들을 모두 쏟았다. 그랬더니 밑바닥에 "너의 부모를 공경하라"고 적힌 쪽지가 붙어 있었다.

 예화와 관련된 말씀

> 모세는 네 부모를 공경하라 하고 또 아버지나 어머니를 모욕하는 자는 죽임을 당하리라 하였거늘(막 7:10).

22 | 아버지의 영혼을 구한 딸

일본에 강도질하는 아버지를 둔 19세의 소녀가 있었다. 그녀는 예수님을 잘 믿었기 때문에 아버지를 위해 기도도 하고, 이제는 나쁜 일을 그만 두라고 권면도 하였다. 나이 어린 딸은 하나님 앞에서 아버지의 죄 때문에 무척 괴로워하였다. 그렇지만 그녀의 아버지는 회개하고 예수님 믿을 생각을 안 했다. 오히려 딸에게 '재수 없이 군다' 는 등으로 야단을 쳤다. 그런데 이 소녀는 어떻게든지 아버지의 영혼을 구원해야 되겠다는 굳은 각오가 있었다. 소녀는 아버지를 구할 방안을 생각해 내었다.

어느 날 밤, 아버지는 시부야 공원에 칼을 들고 강도질 하러 나갔다. 그것을 본 소녀는 재빨리 준비했던 돌아가신 어머니가 입던 옷을 입었다. 그리고 어머니가 들고 다니던 핸드백을 들고 숙녀 차림으로 아버지 뒤를 밟았다.

소녀는 어두운 골목에 있다가 아버지가 컴컴한 곳에서 살인할 자를 찾고 있을 때 그 앞을 딸이 지나갔다. 이때, 아버지는 딸인 줄 모르고 덤벼들어 칼로 가슴을 찔러 쓰러뜨리고 핸드백을 빼앗아 도망갔다.

그가 집으로 달려가 불빛아래서 보니 낯익은 핸드백이었다. 열어보니 그 안에 편지가 들어 있었다. 그 내용은 이러했다.

"아버님 전상서. 아버지! 이 불효한 여식의 잘못을 용서하여 주십시오. 오늘밤 아버지의 칼날에 죽어 쓰러지는 것이 아버지의 가슴을 아프게 하는 잘못인 줄 모르는 바 아니오나 아무리 생각해도 아버지의 영혼을 구원하여 천당으로 모시는 길은 이 길밖에 없는 줄 알고 저는 지금 죽어도 천당에 갈 준비가 되어 있사옵기에 최후로 이 길을 택하오니 나를 자식으로 아시거든 불쌍하다 마시고 회개하여 예수 믿으시다가 천당에 와서 하나님 보좌 앞에서 만나시기 바랍니다."

이 편지를 읽고 통곡하며 가슴을 찢는 듯이 슬퍼하다가 그 길로 달려가 자수하였다. 형무소 생활하면서 예수 믿고 구원받아 모범 죄수로 출감되어 신앙생활을 잘 했다고 한다.

 예화와 관련된 말씀

뭇 사람을 공경하며 형제를 사랑하며 하나님을 두려워하며 왕을 존대하라(벧전 2:17).

23 | 어머니의 사진

　미국이 필리핀을 점령하였을 때의 일이다.
　미국이 마닐라 해안을 향해 함포 사격을 하려 할 때, 미군의 한 해병의 옷이 물에 떨어졌다.
　그 해병이 옷을 건지려고 바다에 뛰어 들려 하자 상사가 위험하다고 말렸지만 그 해병은 물에 뛰어들어 자기의 옷을 건졌다.
　결국 그 해병은 명령 불복종 죄로 군법회의의 법정에 서게 되었다.
　사법관 듀이 장군이 왜 물에 뛰어들었느냐고 물었다.
　그러자 그 해병은 그 젖은 옷 속에서 한 장의 사진을 꺼내어 보였다.
　"그 사진이 무엇이요?"
　사법관 듀이 장군이 물었다.
　"네, 제 어머니의 사진입니다."
　장군은 그 해병의 마음에 감동하여 그 해병에게 악수를 청하며 말했다.
　"어머니의 사진 때문에 이처럼 희생정신을 발휘했다는 것은 놀라운 일이다."

자기의 목숨까지 걸고 건져냈던 빛이 바랜 어머니의 사진 한 장.

그의 무죄 석방은 너무도 당연한 것이었다.

예화와 관련된 말씀

네 부모를 즐겁게 하며 너를 낳은 어미를 기쁘게 하라(잠 23:25).

의인의 아비는 크게 즐거울 것이요 지혜로운 자식을 낳은 자는 그로 말미암아 즐거울 것이니라(잠 23:24).

24 | 어머니의 지혜

고려 시대에는 '고려장'이라는 제도가 있었다. 당시 정승 한 분의 어머니가 고려장을 지내야 할 나이가 되었다. 효자인 정승은 법과 어명을 어기면서 대청 밑에 토굴을 파고 어머니를 숨기고, 아침과 저녁으로 식사를 드렸다. 그러던 어느 날 중국의 사신이 고려에 왔다. 중국 사신은 몇 가지 문제를 내놓고 그것을 풀지 못하면 외교상 고려의 요구를 들어줄 수 없다고 버티었다. 첫째, 크기와 생김새가 똑같은 두 마리의 말 중에서 어미와 새끼를 구별할 것. 둘째, 위아래가 똑같은 굵기의 나무토막 중 어느 쪽이 밑둥이며 또 위쪽인가? 셋째, 조 한 섬의 개수는 몇 알인가?

약속 날짜는 다가오고 문제는 하나도 풀 수 없어 대신들은 걱정이 태산 같았다. 정승의 어머니는 아들의 얼굴을 보고 당장에 무슨 일이 있다는 것을 눈치 챘다.

"무슨 걱정이라도 있느냐?"

"아닙니다. 아무 일도 없습니다."

"이야기 해봐라. 쓸모없는 늙은이지만 혹시 아느냐."

그리하여 아들은 자초지정을 이야기했다. 어머니는 한동

안 생각에 잠겼다.

"풀 수가 있을 것 같구나." 아들은 눈이 번쩍 띄었다.

"첫째 문제는 두 마리의 말을 한 개의 여물통에서 함께 먹게 하면 먼저 먹이를 먹는 것이 새끼이며, 둘째 문제는 강물에 나무를 띄우면 반드시 밑둥이 먼저 떠내려간다. 셋째 문제는 1홉 정도의 조를 세어 10배를 하면 한 되이며, 또 10배를 하면 한 말… 그렇게 하면 한 섬의 개수가 나온다."

다음 날 어머니가 가르쳐 준대로 중국 사신들 앞에서 문제의 하나하나를 실험해 보여 주었다. 고려 사람들의 지혜에 놀란 중국 사신들은 고려의 요구를 들어주기로 했다. 고려의 왕은 정승의 그 동안 일들을 비로소 알게 되었다. 그 때부터 고려장 제도는 폐지되었으며, 정승은 어머니에게 더 큰 효도를 하며 살 수 있었다.

예화와 관련된 말씀

보소서 주께서는 중심이 진실함을 원하시오니 내게 지혜를 은밀히 가르치시리이다(시 51:6).

내 아들아 너는 듣고 지혜를 얻어 네 마음을 바른 길로 인도할지니라(잠 23:19).

25 | 영주의 효성

나폴레옹이 폴란드를 침략해 들어간 때였다. 폴란드 농촌에 있던 한 영주가 침략해 온 나폴레옹 황제에게 좀 잘 보이기 위해서 그를 자기 집의 저녁 만찬에 초대했다. 패전국의 영주가 승전국의 황제를 초대한 것이다.

승전국의 황제는 패전국의 영주가 초청하는 것을 기쁘게 수락하였다. 전쟁터에 나와 있던 나폴레옹과 그 신하들은 이 영주의 초대를 받아 그 집으로 갔다. 식탁이 마련되었는데 영주는 좌석을 배치할 때, 상식 밖의 모습을 보였다. 그는 손님을 초대해 놓고, 상석을 내어주지 않은 것이다. 더욱이 승전국의 황제인 나폴레옹을 제일 상석에 모시지 않는 것은 이해하기 어려웠다.

영주는 두 번째 자리에도 나폴레옹을 모시지 않았다. 겨우 세 번째 좌석에 나폴레옹 황제를 앉게 하는 것이었다. 그리고 그 다음 좌석들에 신하들을 앉게 한 후, 그 다음 좌석에 가족들을 앉게 하였다.

나폴레옹은 화가 났지만 체면상 참고 있었다. 그가 불쾌함을 참으면서 말을 안 하고 있을 때에, 옆에 있던 신하가 주인의 앞을 막았다. 그는 영주에게 화를 내면서 항의를 했다.

"여보시오, 영주?"

"예, 장군."

"우리 대제국의 황제를 이렇게 대우할 수 있는가? 황제에게 상석을 드려야 하지 않소?"

그러자 주인은 웃으면서 이렇게 대답하는 것이었다.

"이 자리는 내 아버지와 어머니가 앉으실 자리입니다. 나라에서는 임금인 황제가 최고로 높지만 우리 집안에서는 내 아버지와 어머니가 제일 높습니다."

이 말을 들은 나폴레옹은 그 영주의 효성에 감탄하고 칭찬해 주었다고 한다.

예화와 관련된 말씀

또 우리 육신의 아버지가 우리를 징계하여도 공경하였거든 하물며 모든 영의 아버지께 더욱 복종하며 살려 하지 않겠느냐 (히 12:9).

03
주의 교훈과 훈계로 양육하라

또 아비들아 너희 자녀를 노엽게 하지 말고 오직 주의 교훈과 훈계로 양육하라(엡 6:4).

01 | 패륜 아버지의 죽음

텍사스의 한 사내가 아내와 네 자녀를 버리고 캘리포니아로 가서 30년 동안 오직 자기만을 위해 살았다. 그는 돈 한 푼 없이 죽었는데, 자기의 시체를 고향 텍사스에 묻어 달라는 유언을 남겼다.

텍사스에 살고 있던 자식들은 모두 그 소식을 듣고 분개했다.

"그 사람이 우리와 무슨 상관이 있어? 그가 아버지로서 우리에게 해준 게 뭔데? 그 사람 때문에 어머니와 우리 모두가 얼마나 고생을 했는데 왜 우리가 그 시체에 수고와 돈을 들여야 하지?"

자식들은 아버지의 못마땅함에 대하여 한 마디씩 불평을 하였다. 그러면서 큰 아들의 표정을 살폈다. 그러나 신앙심 깊은 큰 아들은 아무 말 없이 일어났다.

"오빠 어디에 가려고?"

"형님, 저는 아버지의 유언을 따를 수 없습니다."

큰 아들은 동생들의 불평에도 아랑곳 않고 캘리포니아로 가서 아버지의 시체를 운구해 오기 위해 자기 트랙터와 농

기계들을 저당 잡혔다. 장례를 치르고 난 후 큰 아들은 동생들에게 이렇게 말했다.

"성경에 '네 부모를 공경하라'고 씌어 있는 것을 난 실천했을 뿐이란다."

자식이 장성해서 늙은 부모를 부양하는 것은 효도가 아니라 자식으로서 마땅한 도리이다. 하나님께서는 십계명 중 다섯 번째 계명으로 "네 부모를 공경하라"(출 20:12)는 명령을 하셨으며, 자기 아비나 어미를 치는 자와 저주하는 자는 반드시 죽이라고 명령하셨다."(출 21:15~17).

육신의 부모를 공경하지 않으면서 하나님 아버지를 섬긴다는 것은 어불성설이다.

예화와 관련된 말씀

이는 모든 사람으로 아버지를 공경하는 것 같이 아들을 공경하게 하려 하심이라 아들을 공경하지 아니하는 자는 그를 보내신 아버지도 공경하지 아니하느니라(요 5:23).

네 아버지와 어머니를 공경하라 이것이 약속 있는 첫 계명이니(엡 6:2).

02 | 할머니의 식탁

옛날에 대단히 몸이 약한 할머니가 아들네 집에서 함께 살았다. 할머니는 시간이 지남에 따라 더욱 늙어갔다. 하루가 다르게 눈이 침침해졌고, 귀도 어두워졌다. 식탁에서 식사할 때도 앞이 보이지 않는 할머니는 손을 더듬어서 겨우 음식을 찾았다. 그러다보니 숟가락에서 완두콩을 떨어뜨리고, 스프를 흘리곤 하였다.

그러자 아들 부부는 여러 가지로 의논한 끝에 결론을 내렸다. 아들은 청소함 옆의 구석에 작은 식탁을 만들어 세웠다. 그리고 할머니 혼자 그 식탁에서 식사하게 했다. 홀로 앉은 할머니는 눈물이 가득 괸 눈으로 건너편 식탁에 모여 앉은 식구들을 바라보았다.

식사 중에 다른 식구들이 가끔 말을 거는 경우도 있었지만, 대개가 밥그릇이나 포크를 떨어뜨리는 할머니를 탓할 뿐이었다.

그러던 어느 날 오후 저녁식사를 하기 바로 전, 손녀가 마루에서 바쁘게 블록을 쌓고 있었다. 어린 딸이 뭔가에 몰두해 있는 것이 귀엽고 사랑스러워 아들은 자신의 귀여운 딸에게 무엇을 만드느냐고 물었다.

"난 지금 엄마와 아빠를 위해 작은 식탁을 만들고 있어요."

손녀는 웃으며 말했다.

"내가 어른이 되면 아빠도 구석에서 혼자 식사를 해야 하니까요."

아들과 며느리는 잠시 딸을 쳐다보다가 갑자기 함께 끌어안고 울었다. 그 날 저녁식사 시간, 아들과 며느리는 어머니를 다시 큰 식탁의 어머니 자리로 모셔왔다. 그때부터 식구들은 할머니와 함께 식사를 했고, 할머니가 가끔씩 음식을 쏟거나 포크를 떨어뜨려도 조금도 싫어하는 기색을 보이지 않게 되었다.

 예화와 관련된 말씀

마땅히 행할 길을 아이에게 가르치라 그리하면 늙어도 그것을 떠나지 아니하리라(잠 22:6).

03 | 황희와 황수신

 황희 정승의 아들인 황수신은 젊었을 때, 예쁜 기생에게 반해서 공부도 집어치우고, 열흘에 칠팔일은 그 기생집에 가서 뒹굴었다. 황희가 백방으로 아들을 타이르고 꾸짖고 하였으나 수신은 다만 그 아버지 앞에서만 "예, 예, 다시 안하겠사옵니다."고 말할 뿐 돌아서기가 무섭게 기생집으로 달아나곤 하였다.

 어느 날, 황희는 수신이 집으로 돌아온다는 소식을 듣고 미리 의관을 정제하고 밖에 나가 기다리다가 수신이 대문 가까이 다가오자 마주 나가 맞으면서 큰 손님으로 대접하였다.

 수신이 깜짝 놀라서 "아버님이 어인 일이십니까?"하고 의아해 하자, 황희는 태연히 대답하면서 머리를 숙였다.

 "내가 너를 자식으로 대하여도 네가 끝내 듣지 않으니, 이는 내가 아무래도 나를 아비로 여기지 않는 모양이다. 그런즉 불가불 너를 손님의 예로 대접할 수밖에 없지 않느냐?"

 그제서야 수신은 머리를 조아리어 눈물을 흘리면서

 "죽을 죄를 졌사오니 용서하여 주옵소서."

 하고 애걸하였다. 이런 일이 있은 뒤로부터 기생을 한 번도 만나지 않고, 모든 일에 효성이 지극하여 전에 없던 효자가 되었다.

어느 날, 술이 몹시 취해서 기생집 앞을 지났는데 밤중에 눈을 떠보니 전에 다니던 기생의 방이었다. 술이 깨어 까닭을 물어보니 술에 취해서 말을 타고 오는데, 말이 전에도 술에 취하면 가던 집이라 그 기생집으로 들어갔다는 것이었다. 수신은 칼을 빼어 말의 목을 베이고 즉시 집으로 돌아온 후 그 아버지에게 효성을 기울였다.

예화와 관련된 말씀

네 자식을 징계하라 그리하면 그가 너를 평안하게 하겠고 또 네 마음에 기쁨을 주리라(잠 29:17).

04 | 효자가 효자 아들을 둔다

 가난하지만 아주 효심이 두터운 내외가 있었다. 마침 여름철이어서 모두 들에 일을 하러 나가고 늙은 할머니 혼자 집을 보게 되었다. 혼자 집을 보던 할머니는 심심하기도 하고, 무슨 일이든 거들어야 할 것 같은 생각이 들어서 호박 구덩이에 거름을 주기로 했다. 그런데 눈이 어두운 터라 마루 구석에 있는 요강을 들고 간다는 것이 그만 막 짜다 놓은 참기름 단지를 들어다가 호박 구덩이에 붓고 말았다.

 밖에 놀러 나갔던 손녀가 돌아와 이 광경을 보고는 깜짝 놀랐다. 그러나 그 사실을 바로 할머니께 말씀드리면 놀라실 것 같아 모른 체하기로 했다가 조금 후 돌아온 어머니에게 말씀드렸다.

 "어머니, 할머니께서 참기름을 오줌인 줄 아시고 호박 구덩이에 부으셨어요."

 "뭐야? 그래 할머니께서도 아시니?"

 "아니요. 말씀드리면 놀라실 것 같아서 아무 말씀도 드리지 않았어요."

 "오냐, 참 잘했다. 할머니께서 아시면 얼마나 놀라시겠니?"

며느리는 딸의 행동이 기특해서 등에 업어 뜰을 돌며 칭찬을 했다. 조금 후 들어오던 아들이 그 광경을 보고 이상하게 여겨 물었다.

"아니, 여보! 다 큰 아이를 업고 웬 수선이요?"

"글쎄, 이 아이가 기특해서 죽겠구려"

그리고는 자초지종을 다 들려주었다.

"어머니께서 거름을 주시느라 힘이 드셨을 것 같아 지금 찰밥을 찌는 중이니, 당신도 모른 체 하셔야 해요!"

이 말을 들은 남편은 갑자기 땅에 엎드려 아내에게 절을 올렸다.

"여보, 내 절 받으시오. 내 어머님을 그처럼 받드니 어찌 내가 절을 하지 않을 수 있겠소."

 예화와 관련된 말씀

자녀들아 주 안에서 너희 부모에게 순종하라 이것이 옳으니라 네 아버지와 어머니를 공경하라 이것은 약속이 있는 첫 계명이니 이로써 네가 잘되고 땅에서 장수하리라(엡 6:1~3).

05 | 효자는 하늘이 도와준다

　조선 성종(成宗) 때, 한 번은 큰 가뭄이 들었다. 나라에서는 전국에 기우제(祈雨祭)를 지내게 하고, 금주령을 내렸다. 어느 날 임금님이 농민들과 고통을 함께 하기 위한 뜻에서 뜨거운 뙤약볕에 앉아 있는데 어디선가 풍악을 울리며 잔치하는 소리가 들렸다. 사람을 시켜 알아보니, 감찰(監察) 벼슬에 있는 김세우의 집이라는 보고였다. 화가 치민 성종은 즉시 김세우를 붙잡아 오도록 명했다.

　김세우는 물론 잔치에 참여했던 사람들까지 모두 붙잡혀 와 갇혔다. 가족들은 생각 끝에 아들들 이름으로 한 번만 용서해 달라는 상소문을 써서 올렸다. 성종은 더욱 화가 났다.

　"제 놈들이 국법을 어기고 이제 어린 자식들을 시켜 용서를 빈단 말이냐?"

　아이들까지 잡아들이라는 어명이 떨어지자 모두 도망하고, 감찰 김세우의 어린 아들 김규만이 붙잡혀 왔다.

　"너는 왜 도망하지 않고 잡혀 왔느냐?" 임금의 물음에 김규는 또렷한 목소리로 말했다.

　"아비를 구하려고 글을 올렸는데 어찌 죄를 입을까 걱정하여 도망하겠습니까?"

"이 상소문을 누가 썼느냐?"

"제가 썼습니다."

성종은 차츰 화가 가라앉고 기특한 생각이 들었다.

"네가 '가뭄이 안타깝다'라는 제목으로 글을 지을 수 있겠느냐? 내 마음에 들면 네 아비를 석방하겠다."

"아버지를 위하는 일이라면 어찌 사양하겠습니까?" 김규는 단숨에 글을 지었다.

'옛날 동해에 원한을 품은 여자가 하늘에 호소하자 3년 동안 비가 내리지 않았고, 은나라 탕 임금은 자신의 잘못을 책망하여 비를 빌었더니 비가 내렸습니다. 원하옵건대 임금께서도 이를 본받으소서.'

성종은 그 글을 다 읽고 나서 이렇게 명령했다.

"네 글을 보고 네 아비를 석방하고, 네 글씨를 보고 네 아비의 동료를 석방한다. 너는 아비에 대한 그 효심으로 나라에 충성하라."

 예화와 관련된 말씀

자녀들아 모든 일에 부모에게 순종하라 이는 주 안에서 기쁘게 하는 것이니라(골 3:20).

06 | 흉내라도 좋아

 옛날에 임금이 시골로 행차할 때, 사람들은 가까이에서 임금을 한 번 보고 싶어 하였다. 자리에 누워 있어 거동이 불편한 노인이 아들에게 부탁하였다.
"얘야, 나 말이다 임금님 얼굴 한 번 뵈었으면 좋겠구나."
"예, 그렇게 하시지요." 효자 아들은 아무 망설임도 없이 대답하고는 어머니를 업고 70리길을 걸어서 임금이 행차하는 길까지 왔다. 제 어머니를 아기 업듯이 단단히 받쳐 업고서, 어떻게든 어머니가 임금님 얼굴을 가까이 볼 수 있도록 애썼다.
 임금이 지나가다가 아들의 등에 업힌 어머니의 모습을 보았다. "멈춰라!"
 임금은 아들에게 물었다.
"어떻게 해서 노인을 업고 서 있느냐?"
"어머니가 임금님을 뵙고 싶다 하셔서 제가 모셔왔습니다."
"참으로 효자로고."
 임금은 그 자리에서 효자 아들에게 상을 후하게 주었다.

이 소문이 퍼지자, 다른 마을의 아주 못 되어먹기로 소문난 불효자는 배가 아팠다. 그래서 안가겠다는 제 어머니를 강제로 업고, 임금님이 행차하실 길목에 가서 떡하니 서 있었다. 역시나 임금이 이 모습을 보고 흐뭇해 하였다.

"이 근방에는 효자도 많구나. 너는 무슨 사연으로 어머니를 모시고 왔느냐?"

불효자는 효자의 말을 그대로 흉내를 내어 아뢰었다. 그러자 옆에 있던 동네 사람들이 "아닙니다, 임금님. 저놈은 흉내를 내는 것입니다"라고 일러바쳤다.

이 말을 들은 임금님을 껄껄 웃었다.

"흉내라도 좋아. 효도를 흉내를 내는 것은 좋으니라."

예화와 관련된 말씀

모세는 네 부모를 공경하라 하고 또 아버지나 어머니를 모욕하는 자는 죽임을 당하리라 하였거늘(막7:10).

07 | 목숨을 다한 효성

 어느 사형수가 어린 딸의 손목을 꼭 쥐고 울었다. 마지막 면회 시간이 다 되어 간수들에게 떠밀려 나가면서 소녀도 울부짖었다. 소녀의 아버지는 다음날 아침 새벽 종소리가 울리면 교수형을 받게 되어 있었다.

 소녀는 할아버지에게 매달려 슬피 울었다.

 "할아버지, 내일 아침 새벽종을 치지 마세요. 할아버지가 종을 치시면 우리 아버지가 돌아가시고 말아요. 할아버지, 제발 우리 아버지를 살려주세요. 네?"

 마침내 다음 날 새벽, 종지기 노인은 종탑 밑으로 가서 줄을 힘껏 당기기 시작하였다. 그런데 아무리 힘차게 줄을 당겨보아도 종이 울리지 않았다.

 종지기 노인이 있는 힘을 다하여 다시 잡아당겨도 여전히 종소리는 울리지 않았다.

 그러자 사형집행 대장이 급히 뛰어왔다.

 "노인장, 시간이 다 되었는데 왜 종을 울리지 않나요? 마을 사람들이 저렇게 다 모여서 기다리고 있지 않소."

 "대장님, 글쎄 아무리 줄을 당겨도 종이 안 울립니다."

대장은 자기가 직접 줄을 힘껏 당겨보았다. 그러나 종은 여전히 울리지 않았다.

　"노인장, 어서 빨리 종탑 위로 올라가 봅시다."

　두 사람은 계단을 밟아 급히 종탑 위로 올라가 보았다. 그러나 거기서 두 사람은 소스라치게 놀라지 않을 수 없었다. 종의 추에는 가엾게도 피투성이가 되어 죽어있는 소녀가 있었다.

　자기 몸이 종에 부딪혀 소리가 나지 않도록 했던 것이었다. 그 날 나라에서는 이 소녀의 지극한 효성에 감동하여 그 사형수 형벌을 면해 주었다.

 예화와 관련된 말씀

　솔로몬의 잠언이라 지혜로운 아들은 아비를 기쁘게 하거니와 미련한 아들은 어미의 근심이니라(잠 10:1).

08 | 어머니를 모시지 못해 근심한 유성룡

유성룡은 평소에 존경하던 퇴계 이황이 세상을 떠나고, 종조부마저 돌아가시자, 겹치는 슬픔을 이겨내지 못해 벼슬을 내팽개치고 고향으로 달려갔다. 고향에 계신 어머니를 뵙자, 유성룡은 지금까지 자신이 나랏일에 쫓겨 어머니 봉양을 게을리 한 게 죄스러워, 다시는 한양 땅에 올라가지 않으리라 결심하였다.

'제아무리 글을 많이 읽어도 어머니께 할 도리를 다하지 못하면 개, 돼지와 무엇이 다를 바 있겠는가. 효성 없는 학문은 눈뜬장님이라고 하지 않았던가.'

벼슬길에 오른 유성룡은, 서재에 고향의 산수도를 걸어 놓고 그곳에 계신 어머니를 생각하곤 했다.

'아버지 나를 낳으시고 어머니 나를 기르시니, 아 애달프다 어버이시여, 그 은혜 갚고자 하나 하늘같이 끝이 없거늘.'

유성룡은 한 번 어머니의 모습을 머리에 떠올리면 그 날 밤은 잠을 이루지 못했다. 그러니 그의 얼굴은 몹시 앓는 사람과 같았다.

어느 날 임금이 그의 얼굴색이 초라한 것을 발견하고는 눈을 크게 떴다.

"경은 혹시 무슨 병을 앓고 있는 게 아니요? 얼굴이 아주 안 되었구려."

"아뢰옵기 황송하오나, 소인은 몸만 한양 땅에 있을 뿐이지 마음은 줄곧 고향 어머니 곁에 가 있습니다. 어머니 봉양하고 싶은 마음은 간절하나 몸이 떨어져 있으니, 그저 밤잠을 설칠 뿐입니다."

임금은 유성룡의 효성에 눈시울을 적시며 지그시 눈을 감았다. 그는 아무 미련 없이 효도의 길을 택하였다. 그는 어머니를 봉양하듯이 나라를 위했으며 나라를 위하듯이 어머니를 받들어 모셨다.

 예화와 관련된 말씀

> 흉년이 아직 다섯 해가 있으니 내가 거기서 아버지를 봉양하리이다 아버지와 아버지의 가족과 아버지께 속한 모든 사람에게 부족함이 없도록 하겠나이다 하더라고 전하소서(창 45:11).

09 | 자식을 죽인 손순

 손순(孫順)은 아내와 함께 남의 집에서 품을 팔아 곡식을 얻어다가 늙은 어머니를 봉양하였다. 워낙 가난했던 집안이라 어린 아이에게 풍족하게 음식을 먹이지 못하였다. 군것질도 한 번 해보지 못하고 지냈다. 그러자 어린 아이는 음식만 보면 손을 갖다 대었다.

 손순은 아이의 이런 행동을 보면서 가슴을 아파하였다. 먹을 것에 굶주려 있는 어린 아이인지라, 언제나 할머니의 상에 차려진 음식을 제가 먼저 먹었다. 할머니는 손녀가 먹는 것을 바라다 볼 뿐이었다.

 어린 딸 아이가 어머니의 음식을 빼앗아 먹으므로 손순은 이를 민망히 여겨 아내에게 의논하였다.

 "아이는 다시 얻을 수 있지만 어머니는 다시 얻기 어렵소. 이제 아이가 저렇게 어머니 음식을 빼앗아 먹으니 어머니의 굶주림이 얼마나 심하겠소? 차라리 아이를 땅에 묻어버려서 어머니를 배부르게 해드리는 것이 좋겠소."

 이에 아이를 업고 취산(醉山) 북쪽 들로 가서 땅을 파니, 거기에서 갑자기 기이한 석종(石鐘)이 나왔다. 그들 내외는 놀라고 이상히 여겨 나무 위에 걸고 종을 쳐보았더니 그 소리가 은은하고 고왔다.

이에, 손순의 아내는 딸을 도로 데리고 가자고 하였다.

"이 이상한 물건을 얻은 것은 아이의 복인 것 같으니 도로 데리고 갑시다."

남편도 역시 그렇게 생각하여 아이를 업고 종을 가지고 집으로 돌아왔다. 손순이 종을 두드리니 그 소리가 대궐에까지 들렸다. 흥덕왕(興德王)이 그 종소리를 듣고 좌우에게 이상한 종소리가 나는데 더없이 맑고 멀리 들리니 속히 조사해 보라고 했다.

왕의 사자(使者)가 그 집에 가서 조사해 보고, 손순이 종을 얻게 된 사실을 자세히 아뢰었다. 왕은 손순의 효를 칭찬하면서 집 한 채와 해마다 곡식 50석을 주어 그 지극한 효성을 숭상했다.

예화와 관련된 말씀

너희 각 사람은 부모를 경외하고 나의 안식일을 지키라 나는 너희의 하나님 여호와이니라(레 19:3).

10 | 장애인 판사의 효도

충북 제천 출신으로 판사가 된 분이 있는데, 그는 허리가 굽은 장애인이었다. 어린 시절에 그의 아버지는 술과 도박에 빠져 있었다. 도박을 하지 않겠다고 결심하며 손가락까지 잘랐으나 다시 노름을 했다.

그리하여 모든 가산을 다 탕진하고, 온 가족은 어머니의 삯바느질 품으로 연명하였다. 아버지는 한밤중에 집에 들어와서 노름 밑천을 내놓으라고 어머니를 닦달 했다.

그러던 어느 날 아버지는 홧김에 마루에 있던 어린 그를 마당으로 던져 버렸다. 이 일로 그는 곱사등이가 되었다.

그러한 그에게 함께 놀아줄 친구도 없었고, 외로운 학창시절을 보내며 그는 열심히 공부만 하였다.

마침내 그는 좋은 대학에 들어갈 수 있었다.

그리고 사법 고시에 합격하여 판사가 되었다. 판사가 된 그는 자신을 이렇게 만든 아버지를 언제나 잘 모셨다. 동네 사람들은 그러한 그 판사를 존경하였다. 효도하는 모습이 남달랐기 때문이다.

부모가 자식에게 원망들을 만한 일이었는데도 부모를 공

경하는 것은 참다운 부모 공경의 차원이라고 하겠다. 자신을 낳아준 부모를 어떤 처지나 상황에서도 공경할 수 있는 것이야말로 한 차원 높은 참다운 효도가 아니겠는가?

우리는 부모님을 통해 생명을 이어받고 그분들의 사랑의 보살핌을 받으며 자랐다. 부모님들에게도 그분들 나름대로의 연약함과 어려움이 있다는 사실을 우리는 이해해야 할 것이다.

예화와 관련된 말씀

아비들아 너희 자녀를 노엽게 하지 말지니 낙심할까 함이라 (골 3:21).

11 | 죄수와 아들

 옛날 비엔나에서는 죄수를 일정 기간 시에서 청소부로 일하게 했다. 어느 날 그 나라의 수상이 한가로이 창밖을 내려다 보다 기이한 장면을 목격하게 되었다. 훌륭한 옷을 단정하게 차려입은 젊은 학생이 죄수를 찾아가 사랑의 행동을 하는 것이었다. 그는 자신의 용모와 전혀 다르게 눈을 쓸고 있는 죄수 한 사람에게 다가갔다. 그러더니 죄수의 때가 묻은 까만 손에 정성껏 입맞춤을 하는 것이었다. 잠시 조용히 담소를 나누던 그들이 헤어졌다. 젊은 학생과 죄수의 이와 같은 행동은 전혀 어울리지 않았다. 누구든지 죄인에게 키스하는 일은 보통 일로 생각할 수 없으며, 경우에 따라서는 방관할 수 없는 일이라 여겼기 때문이다.

 수상은 그 죄수가 아마도 위험한 정치적 지도자이며, 그 청년은 그의 추종자일 것이라고 추측하기에 이르렀다. 그래서 즉시 젊은 학생을 잡아오도록 하였다. 만일, 그들이 정부를 뒤엎는 소동을 벌인다면 이것은 묵과할 수 없는 일이었다. 군인들이 젊은이를 잡아 왔다. 그런데 잡혀 온 젊은이는 정치적인 일에 몸을 담을 만한 모습이 아니었다. 아주 어려

보였으며, 어진 듯 하였다. 수상은 그에게 물었다. 조금 전에 만난 죄수와는 어떤 관계이며 무슨 말을 나누었는지 따져 물었다.

"죄송합니다. 각하, 그 사람은 저의 아버지입니다"

그 학생은 자랑스럽게 대답하였다. 뜻밖의 사실을 알고 할 말을 잃은 수상은 젊은 학생의 아버지에 대한 공경심에 감동하여 그 사실을 자신의 국왕께 상주하였다.

그 일을 전해들은 국왕도 자식을 그렇게 훌륭하게 교육시키고 또 그러한 애정을 자식의 마음속에 심어준 사람이면 그 죄수는 나쁜 사람일 수 없다고 판단하여 즉시 석방케 했다. 아버지를 사랑하는 자식의 마음이 아버지의 허물을 덮을 만큼 강했으며, 그 사랑이 결국 아버지를 어려움으로부터 구하는 길이 되었다.

 예화와 관련된 말씀

이르되 하늘의 하나님 여호와 크고 두려우신 하나님이여 주를 사랑하고 주의 계명을 지키는 자에게 언약을 지키시며 긍휼을 베푸시는 주여 간구하나이다(느 1:5).

12 | 나를 기뻐하시는 하나님

  미국 로스엔젤레스에서 올림픽이 열렸던 때 일이다. 그때 뉴스를 보니까 중국 선수 하나가 다이빙 종목에서 금메달을 땄다. 그 선수가 인터뷰를 하는데, 저는 아직도 그 인터뷰 장면을 잊을 수가 없다. 사실 단거리 경주라든지 수영이라든지 이런 종목에서는 동양 선수들이 불리한데도 불구하고 중국 사람으로서, 더욱이 여자 선수로서 금메달을 딴 것이다. 아주 유연하고 침착한 자세로 멋진 폼을 내며 다이빙에 성공해서 금메달을 딴 중국 선수에게 한 기자가 물었다.

  "당신은 서양 선수들과 비교할 때 왜소한 체격을 가졌음에도 불구하고 그들을 뛰어넘어 이처럼 멋지고 놀라운 모습으로 다이빙에 성공할 수 있었는데 그 비결이라도 있습니까?"

  이때 이 중국 여자 선수가 아주 흥미 있는 대답을 했다.

  "어머니 때문입니다. 어머니 때문에…"

  기자가 "어머니 때문이라니요?"라고 되묻자 그녀는 자기 어머니에 대한 이야기를 시작했다.

  "내가 어렸을 때 나는 100m 경주를 좋아했습니다. 그래서 경기에 자주 나갔지만 나는 자주 잘 넘어졌고 매번 입상권 안에 들지도 못하고 돌아와야 했지요. 그 때마다 어머니는 '사랑하는 딸아, 나에게는 네가 일등 하는 것은 문제가 아니야. 네가 넘어져서 일어날 때에 네 모습이 더 아름다웠단다. 네가 일어나는 모습이 일등보다도 내게는 더 뿌듯했단다.' 라고 말이죠. 그리고 내가 다이빙을 시작할 때도 때로는 실수하기도 하고 잘못하기도 했지만, 그때마다 어머니는 똑같은 말씀을 하셨습니다. '일등은 문제가 아니야. 나는 네가 운동하는 그 모습, 그 자체가 나에게 기쁨이란다. 너를 보는 것이 내게 기쁨이야.' 나는 다이빙의 그 스탠드에 설 때마다 어머니를 떠올립니다. 그러면 저절로 웃음이 나오고 긴장이 풀어지기 때문에 침착한 모습으로 언제나 경기에 임할 수 있습니다. 제가 금메달을 딸 수 있었던 비결은 바로 어머니 때문입니다."

예화와 관련된 말씀

너의 하나님 여호와가 너의 가운데에 계시니 그는 구원을 베푸실 전능자이시라 그가 너로 말미암아 기쁨을 이기지 못하시며 너를 잠잠히 사랑하시며 너로 말미암아 즐거이 부르며 기뻐하시리라 하리라(습 3:17).

13 │ 어머니의 피 흘림

 수년 전에 크리스마스를 앞둔 12월 어느 날, 구소련에 속해 있던 아르메니아에서 대 지진이 일어났다. 그 당시 지진으로 인하여 무려 5만 5천명이나 사망했던 굉장한 참사였다. 그때 9층짜리 아파트가 무너지면서 철근과 콘크리트 밑에 한 어머니와 딸이 가까스로 삼각형 틈새 속에서 목숨을 유지하며 사람들의 구조만을 기다리고 있었다.

 '스잔나'라는 어머니는 네 살 먹은 '가이아니'라는 딸과 함께 그 작은 틈새 속에서 겨우 숨을 쉬고 있었다. 구조의 손길을 받지 못한 채 시간이 흘러갔다. 하루, 이틀, 사흘 시간은 계속 흘러갔다.

 네 살 먹은 딸 가이아니는 그 어머니 옆에 누워서 비명을 지르며 한 가지 말을 계속 토해 놓았다. 그 아이의 애절한 말 한마디는 "엄마, 목말라. 엄마, 목말라"라는 말이었다.

 그러나 가까스로 몸을 지탱하고 있던 어머니로서는 딸을 도와 줄 방법이 생각나지 않았다. 그때 갑자기 어머니의 머리에 텔레비전에서 보았던 어떤 광경 하나가 생각났다. 조난당한 사람들이 먹을 것, 마실 것 없었을 때에 피를 나누어

마시던 광경이었다. 그때부터 어머니는 캄캄한 어둠 속에서 주변을 손으로 더듬기 시작했다. 어머니는 바닥을 더듬다가 깨어진 유리 조각을 발견하고는 지체 없이 그 유리 조각을 들어서 자기의 팔뚝을 그어대기 시작했다. 그리고 딸 옆으로 더 가까이 가서 자기의 그 팔뚝에서 흐르는 피를 자기가 사랑하는 딸 가이아니의 입술에 떨어뜨려 주었다.

어머니는 "엄마, 나 목말라요"라는 목소리가 터져 나올 때마다 유리 조각으로 더 힘껏 팔목을 그어서 자신의 피를 사랑하는 딸의 목에 흘려 넣었다.

그렇게 두 주일이 지났다. 그들은 극적으로 사람들에게 발견되어 구조되었다. 이 딸 가이아니는 어머니의 희생, 그리고 어머니의 피 흘림 때문에 살아났다. 딸에게 있어서 어머니의 피는 유일한 희망이었다. 2천 년 전 비슷한 사건이 일어났다. 그는 십자가에서 거룩한 피를 뿌렸다.

 예화와 관련된 말씀

율법을 따라 거의 모든 물건이 피로써 정결하게 되나니 피흘림이 없은즉 사함이 없느니라(히 9:22).

14 | 어린 자녀를 살린 어머니의 사랑

 어느 크리스마스이브에 있었던 일이다. 만삭의 가난한 여인이 해산할 곳을 찾아 눈길을 헤매고 있었다. 해산의 도움을 청할 곳을 찾지 못한 여인은 그만 어느 다리 밑에서 혼자 아이를 낳았다. 매서운 바람이 몰아치는 겨울밤이었다. 산모에게는 아이를 덮어 줄 것이 아무 것도 없었다. 그녀는 자신의 옷에서 솜을 모조리 뽑아 아기의 몸을 싸 주고, 자신의 옷을 벗어 아기를 꼭 싸 주었다. 그리고 기진맥진한 자신은 길에 버려진 마대를 주워 덮었다.

 다음날 아침, 한 행인이 우연히 그들을 발견했다. 아기는 동상에 걸려 있었고, 여인은 아이를 안은 채 얼어 죽어 있었다. 마음씨 착한 행인은 그 아이를 구해 데려다 길렀다. 그 후로부터 10년 후 어느 크리스마스이브 날, 그 소년은 자신의 어머니에 대해서 물었다. 그를 데려다 키운 양부모는 10년 전의 일을 사실대로 알려 주었다.

 소년은 어머니의 무덤을 가르쳐 달라고 했다. 어머니의 무덤에 이른 소년은 갑자기 옷을 하나씩 벗기 시작했다. 소년은 자기가 입고 있던 옷을 모두 벗어 어머니의 무덤을 덮었다. 그리고는 벌벌 떨면서 큰 소리로 "어머니! 저 때문에 얼마나 추우셨어요"라고 슬피 울었다.

어린 자녀를 살리기 위해 죽음을 부른 추위를 무릅쓰고 어린 자녀를 살렸던 어머니의 사랑, 이 얼마나 숭고한가? 이 같은 어머니의 사랑보다 더 깊고 높은 사랑이 있었는데, 그것이 바로 하나님의 사랑이다. 우리들을 살리기 위하여 하나님의 아들을 세상에 보내셔서 십자가에 죽게 했다. 이 같은 하나님의 놀라운 사랑이 지금 우리들에게 외쳐져야 하는 복음이다.

예화와 관련된 말씀

하나님이 세상을 이처럼 사랑하사 독생자를 주셨으니 이는 그를 믿는 자마다 멸망하지 않고 영생을 얻게 하려 하심이라(요 3:16).

네 부모를 공경하라, 네 이웃을 네 자신과 같이 사랑하라 하신 것이니라(마 19:19).

15 | 어머니의 위대한 사랑

 안데르센의 동화 가운데 어머니의 위대한 사랑이 있다.
 어느 추운 겨울날 한 젊은 어머니는 병든 어린 아들을 간호하고 있었다. 이때 어떤 노인이 찾아와 먹을 것을 달라고 구걸했다. 어머니가 부엌에서 노인에게 줄 음식을 가지고 와보니 노인이 어린 아들을 데리고 사라져버렸다. 젊은 어머니는 아들을 찾아 나섰다가 호수에 빠지고 만다.
 이때 요정이 나타나 두 눈을 준다면 호수를 건네게 해주겠다고 제의를 한다. 어머니는 자식을 찾으려는 일념으로 두 눈을 주고 호수를 건네게 되었다.
 이번에는 가다가 계곡에 추락해서 가시나무 속에 빠지게 되었다. 가시나무가 제의하기를 어머니의 가슴은 사랑으로 뜨겁다고 하니 그의 얼어빠진 몸을 녹여주면 구해주겠다고 말을 한다. 그 어머니는 연약한 몸으로 가시나무를 얼싸안고 체온으로 녹여 주었다.
 어머니의 몸은 가시에 찔리고 추위에 못 견디어 쓰러지고 말았다. 그 체온으로 추위를 이기고 싹이 돋은 나무는 그 어머니를 팽개쳤다. 그래서 어머니는 가시나무 속에서 구출되었다.

아들을 찾아 또 가다가 이번에는 묘지에 들어섰다. 묘지를 관리하는 요정이 나타나 아들의 행방을 가르쳐주는 대가로 그 어머니의 젊음을 요구했다.

젊은 어머니는 아들을 찾으려는 모성애로 늙은 요정의 늙음과 자기의 젊음을 바꿔서 결국 이제는 보기 흉한 노파가 되어버렸다. 그래서 결국 아들이 있는 곳까지 가게 되었다.

여기서 안데르센은 어머니의 사랑은 희생이요. 헌신이라는 사실을 보여주고 있다.

 예화와 관련된 말씀

네 부모를 즐겁게 하며 너를 낳은 어미를 기쁘게 하라(잠 23:25).

16 | 부부의 십계명

인생이 지향하는 궁극적 목적은 행복의 추구에 있다. 행복한 삶을 위한 부부의 10가지 계명은 무엇일까?

1. 무엇인가를 줄 것 – 조건을 달지 말 것. 주께서는 주는 자가 받는 자보다 복이 있다 하셨다(행 20:35).
2. 친절을 베풀 것 – 그리고 잊어버릴 것. 천사들을 극진히 대했던 아브라함은 아들을 선물로 받았다(창18:1~10).
3. 노인들을 가까이 모시고 경륜을 배울 것 – 경험은 돈으로 못 산다. 솔로몬의 결정적 실패는 노정승들을 멸시한 데 있었다.
4. 어린아이의 얼굴을 자주 들여다볼 것 – 천사의 모습을 보게 된다. 내게도 천사의 시절이 있었다.
   때 묻은 마음을 씻어내자.
5. 자주 웃을 것 – 삶을 윤기 있게 한다. 웃음은 긴장을 풀어주고 얼굴에 생기를 준다.
6. 감사할 것 – 하루에 천 번도 부족하다. think하면 할수록 thanks하지 않을 수 없다. 범사에 감사하라고 하셨다(살전 5:18).
7. 기도할 것 – 그렇지 않으면 길을 잃고 방황한다. 기도는 바른 삶의 길을 열어 준다. "나는 갈 길 모르니 주여 인도하소서"

(찬 421장).

8. 일을 할 것 – 정성을 다해 열심히 할 것. 일은 벌이 아니라 숙명이다. 일하기 싫거든 먹지도 말라고 하셨다(살후 3:10).
9. 영원히 살 것처럼 계획을 세울 것 – 영원히 살게 됨. 인간은 영원을 사모하는 존재다(전 3:11).
10. 내일 죽음이 올 것처럼 살 것-결국 어느 날 당신이 죽을 것이니까. 한 번 죽는 것은 정한 이치다(히 9:27).

지금 행복한 삶을 열망하면서 실행하라, 이루게 될 것이다.

예화와 관련된 말씀

아내들아 이와 같이 자기 남편에게 순종하라 이는 혹 말씀을 순종하지 않는 자라도 말로 말미암지 않고 그 아내의 행실로 말미암아 구원을 받게 하려 함이니 너희의 두려워하며 정결한 행실을 봄이라 너희의 단장은 머리를 꾸미고 금을 차고 아름다운 옷을 입는 외모로 하지 말고 오직 마음에 숨은 사람을 온유하고 안정한 심령의 썩지 아니할 것으로 하라 이는 하나님 앞에 값진 것이니라(벧전 3:1~4).

17 | 남편과 아내에게

 탈무드에는 시집가는 딸에게 주는 다음과 같은 구절이 있다.
 "딸아!
 네가 남편을 왕처럼 존경한다면 너는 여왕이 될 것이다. 그러나 네가 남편을 돈이나 벌어 오는 머슴처럼 여긴다면 너는 하녀로 둔갑할 것이다.
 또한 네가 지나친 자존심으로 남편을 무시하면 남편은 폭력을 쓰는 폭군으로 변할 것이다. 너는 남편 친구들 앞에서 남편을 깨끗하게 단장시켜라. 그리고 남편에게 항상 정성을 다해 대답하면 남편은 너를 소중히 여길 것이다. 남편의 소지품을 소중하게 여기고 가정에 마음을 두면 너의 머리에 영광의 관을 쓰게 될 것임을 잊지마라."

 또한 남편에게 주는 구절이 있다.
 "남편이 아내를 소중히 여길 때 아내는 현모양처가 될 것이다. 남편에게 사랑받지 못하는 아내가 가정의 훌륭한 주인이기를 기대하는 것은 무리이다. 평생 남편에게 무시당한 아내가 어느 날 갑자기 현모양처가 되길 바란다면 그것은 씨앗은 뿌리지 않고 풍성한 수확을 기대하는 것과 같다."

이처럼 탈무드에서 주는 교훈처럼 가정은 아내가 남편에게, 남편이 아내에게 서로 섬기고 낮아지는 모습이 있을 때 비로소 아름답고 서로 세움을 받는 가정이 되는 것이다.

 예화와 관련된 말씀

남편은 그 아내에 대한 의무를 다하고 아내도 그 남편에게 그렇게 할지라(고전 7:3).

18 | 거듭난 삶

 어느 장로님 가정에 딸을 다섯이나 낳고 여섯 번째 외아들을 낳았다. 너무 기뻐 이 가정에 대경사가 되었다. 이 외아들은 귀엽게 자랐다. 그러나 그는 부모와 누님의 사랑 속에 버릇없이 빗나간 생활을 하였다. 이 외아들은 아버지 장로님을 욕되게 할 뿐 아니라 교회도 욕을 먹게 하였다. 손해를 입히면 부모님은 그 사람들에게 가서 용서를 빌고 손해 배상을 해주고 갖은 욕설과 창피와 모욕을 당하였다. 그러나 어찌할 대책이 없어 그들은 매일같이 눈물로 세월을 보내며 하나님께 기도하고 금식을 하였다.

 어느 날 못된 아들이 술을 먹고 인사불성 상태로 집에 들어 왔을 때 부모님들은 방에 엎드려 눈물로 뺨을 적시며 기도하느라고 눈이 퉁퉁 부어 있었다. 이때 아들은 "무엇을 하느냐"고 발길로 차고 행패를 부렸다. 그러나 눈이 시뻘겋게 부어 있는 부모님의 모습을 보자 목석같던 아들이 숙연해지며 말을 못하고 주저앉았다.

 날이 새자 술에서 깬 아들은 부모님 앞에 가서 다시는 이런 짓을 하지 않겠다며 용서를 빌었다. 이때 부모님들은 "오냐, 그래야지"하며 하나님께 감사 기도를 드리고 목사님을 청하여 가정 예배를 드렸다. 이때 이 아들은 마루에 나와 대들보에 무수한 못이 박혀 있는 것을 보고 저 못이 왜 저렇게 많이 박혔느냐고 물었다.

"그 못은 네가 못된 짓을 할 때마다 하나씩 박은 것이란다."

'그러면 어떻게 하지요?' 하며 다시 눈을 감고 눈물을 흘린 아들은 "아버지, 내가 좋은 일을 하고 나서 저 못을 하나씩 뽑으면 되겠네요?"하고 말했다.

그 후에 이 아들은 선행을 열심히 하여 못을 다 뽑았다. 그리고 나서 "아버지, 이제 못을 다 뽑았으니 됐지요?"하는 것이었다. 그러나 아버지는 "못 자국은 그대로 있지 않느냐? 너는 저 못 자국을 보고 겸손히 주님의 사랑을 실천해야 된다"고 타일렀다.

예화와 관련된 말씀

마땅히 행할 길을 아이에게 가르치라 그리하면 늙어도 그것을 떠나지 아니하리라(잠 22:6).

19 | 나라를 재건한 신앙교육

 덴마크는 독일과의 전쟁에서 패한 후 막대한 배상금과 지금의 독일 북부 영토인 슬레스 벅 홀스타인이라는 곡창지대를 넘겨줌으로 경제적인 파탄에 이르렀다. 국립은행이 파산했으며 국민들의 원성은 높아만 가서 자기 자신을 미워하고 이웃을 원망하며 국가와 사회를 저주하였다.

 덴마크는 어디서부터 손을 대야 좋을지 알 수 없을 정도로 사회에 부패와 부정이 만연하였으며 퇴폐풍조에 젖어 가정이나 청년들의 영과 육은 모두가 상해 있었다. 한 사람도 올바르고 하나님을 두려워하는 신앙 가운데 있지 못했다고 할 만큼 도탄에 빠져 있었다.

 이때 그룬트비 목사는 무엇을 가지고 자녀를 교육시킬 것인가를 고민하면서 '지옥문에서 돌아서자!'라는 격문을 발표하고 국민 고등학교 설립을 제안하였다. 국민 고등학교란 학생이 학교에 입학을 하면 전원 기숙사에 들어가 선생과 학생이 같이 먹고, 같이 자며 토론을 하는 과정을 통해서 새 삶으로 새 사람으로 변화 받는 교육제도였다. 이 학교에서는 17-18세의 감수성이 예민한 청소년들을 교육시켰다. 이들에게 그 민족을 살리는 원동력을 준 것은 그곳의 교과과정 중 50%를 차지하고 있는 성경을 통해서였다. 청소년을 바로 잡는 데는 하나님의 말씀 밖에는 없다는 것이 증명되었다.

오늘날 덴마크에서 가장 존경받는 사람은 목사이다. 무슨 행사를 하든지 가장 상석에 목사님을 모시고 그 밖의 내빈들이 아랫자리에 앉게 된다. 모든 일을 계획할 때에도 그 지역에 있는 목사님이 중심이 되어서 일을 한다. 이런 것들이 어린 자녀들에게 주는 영향은 막대하다. 말로 가르치는 것보다 부모님이 목사님을 잘 접대하는 것을 볼 때에 하나님을 경외하는 것을 배우게 되는 것이다.

예화와 관련된 말씀

모든 성경은 하나님의 감동으로 된 것으로 교훈과 책망과 바르게 함과 의로 교육하기에 유익하니(딤후 3:16).

하나님의 말씀은 살아 있고 활력이 있어 좌우에 날선 어떤 검보다도 예리하여 혼과 영과 및 관절과 골수를 찔러 쪼개기까지 하며 또 마음의 생각과 뜻을 판단하나니(히 4:12).

20 | 대통령을 만든 어머니

링컨의 아버지 토머스는 목수였고 가난했지만 성실하고 건강한 켄터키의 개척자였다. 그의 어머니 낸시는 당시 명망 있는 귀족 집안의 조카딸이었으며 현명한 여인이었다.

링컨은 이런 부모 사이에서 둘째 아들로 태어나 영리하고 건강하게 자랐다. 아버지는 그에게 에이브러햄이란 이름을 지어주었으면서도 교육에는 전혀 관심이 없었으며, 학교에 보낼 생각도 하지 않을 정도였다. 그러나 어머니는 생각이 달랐기 때문에 어떻게 하든지 아이들에게 공부를 시키려고 애를 썼다.

당시 그 근처에는 학교가 없었다. 그곳에서 14km쯤 떨어진 곳에 겨우 읽고 쓰는 것만 가르치는 곳이 있다는 것을 듣고 어머니는 남편을 설득해 링컨과 누이 사라를 그곳에 다니게 할 정도로 교육에 대한 집념이 강했다.

그러나 링컨이 아홉 살 되던 해 어머니 낸시는 풍토병으로 세상을 뜨고 말았다. 그녀는 어린 두 자녀에게 이런 유언을 남겼다.

"부자나 위인이 되기보다는 성경 읽는 것을 즐기는 사람이 되어라."

그녀는 살아있을 때 저녁식사를 마친 후 어린 자녀 둘을 무릎 위에 앉혀놓고 단 한 권밖에 없는 성경을 꺼내어 읽어주곤 했다. 낸시는 그것이 아이들에 대한 참된 교육이라고 생각했으며 그것이 그녀의 생활의 전부였다.

링컨은 소년시절 교회에 가서 목사님 설교를 귀담아 듣고 동네 아이들에게 들은 그대로 전달하곤 했는데, 그의 기억력에 모두들 놀랐다고 한다. 후에 그가 대통령이 되었을 때 행한 취임사의 상당 부분이 성경 말씀으로 엮어진 것은 우연한 일이 아니었다.

 예화와 관련된 말씀

하나님의 말씀은 살아 있고 활력이 있어 좌우에 날선 어떤 검보다도 예리하여 혼과 영과 및 관절과 골수를 찔러 쪼개기까지 하며 또 마음의 생각과 뜻을 판단하나니(히 4:12).

21 레이크스의 주일학교 운동

1780년 7월 영국 Gloucester의 신앙이 독실한 한 평신도 레이크스(Robert Raikes)씨는 수심에 가득 차 있었다. 그는 자기 마을의 장래와 영국의 장래를 걱정하고 있었다. 범죄는 늘어가고 불결한 거리와 주택에서는 무서운 질병이 끊임없이 해마다 수 백 명의 어린이들이 죽어 가고 있었다.

그는 형무소 개혁 운동에 나서 보기도 하였으나 출소한 죄수들이 한 달도 못되어 다시 붙잡혀 오는 것을 보고 절망을 느꼈다. 그의 눈은 어린아이들에게 돌려졌다. 어릴 때부터 교육을 받지 않으면 소망이 없음을 느꼈다. 그 당시만 해도 어린아이들은 내버려 둔 상태였다. 아이들도 주간에는 노동에 종사했으며 주일이 되면 싸우고 방황하고 도박 구경이나 다니고 그 몸과 옷차림의 더러움이란 볼 수도 없을 정도였다. 한 번은 거리에서 이런 사회에 대한 걱정을 열을 올려 이야기하고 있는데, 지나가던 사람이 불쑥 야유 삼아 뇌까리는 소리를 들었다. "당신이 해 보구려!"

그 순간 레이크스는 머릿속에 빛이 떨어진 것 같았다. 그 말은 우연한 소리가 아니라 하나님의 음성으로 들렸다. 레이크스는 자기 집을 개방하여 주일학교를 시작하였다. 4명의 교사를 구하여 주머닛돈을 털어 교통비를 지출했다. 가르치는 내용은 읽기, 쓰기, 산수와 성경이었다. 세수하고 오는 아이만 문안에 들여보냈고, 돈 없어 누더기 셔츠를 입을 수밖에 없는 아이들에게는 새 셔츠를 사 주었다. 매 주일 아침 8시부터 저녁 예배 시간까지 점심시간을 빼놓고는 종일 가르쳤다. 그의 주일학교 운동은 선풍적인 호응을 받아 30년 뒤에는 3천 주일학교가 설립되었다. 레이크스가 사망한 후에 유서가 발견되었다. 거기에는 이런 말이 쓰여 있었다.

"작은 적금이 있습니다. 이것으로 우리 마을의 모든 아이들에게 1실링씩과 케이크 한 개씩 사 주십시오."

레이크스가 평생의 목표로 삼은 성경 말씀은 디모데전서 4장 6절이었다. "그리스도의 교훈을 형제에게 일러준다면 그대는 그리스도 예수의 일꾼이 될 것입니다."

 예화와 관련된 말씀

네가 이것으로 형제를 깨우치면 그리스도 예수의 좋은 일꾼이 되어 믿음의 말씀과 네가 따르는 좋은 교훈으로 양육을 받으리라(딤전 4:6).

22 | 팩슨의 주일학교

미국의 주일학교 공로자들 가운데 한 사람이 팩슨이다.

일리노이주 윈체스터란 미국의 주일학교가 시작되었다. 대부분이 어린이들인 학생 가운데 어른 학생이 끼어 있었다.

딸이 졸라대서 함께 나와 글을 배우는 주정꾼이었다. 그의 이름이 팩슨이다. 그는 그 주일학교에서 딸과 함께 글을 배우고 성경을 배우면서 크게 감화를 받아 열심히 공부하였다. 그리고 이후 주일학교 연합회에 신청하여 주일학교를 설립하는 순회 선교사까지 되었다.

사실 팩슨은 어려서부터 무릎을 상하여 평생 발을 저는 불구자였다. 그럼에도 불구하고 팩슨은 20년 동안에 1,314개의 주일학교를 동네마다 설립해 주었으며, 그 학생 수는 83,000명에 달했던 것이다.

그는 레이크스를 존경하여 자기가 타고 다니던 말의 이름을 로버트 레이크스라고 불렀다.

이 말의 습관이 있었는데 길을 지나가다가 어린아이만 보면 발걸음을 멈추었고 교회 건물만 보면 그리로 들어갔다.

그것은 팩슨의 습관이었던 것이다.

    그리스도의 제자가 될 수 있는 길은 그리스도의 말씀과 그 정신을 자라나는 어린이와 청소년들에게 가르치는 일이라고 그는 확신했으며 동시에 그것이 내 마을과 국가를 사랑하는 길이라고 믿고 자기의 평생을 바쳤던 것이다.

예화와 관련된 말씀

그가 여짜오되 선생님이여 이것은 내가 어려서부터 다 지켰나이다(막 10:20).

예수께서 그 어린 아이들을 불러 가까이 하시고 이르시되 어린 아이들이 내게 오는 것을 용납하고 금하지 말라 하나님의 나라가 이런 자의 것이니라 내가 진실로 너희에게 이르노니 누구든지 하나님의 나라를 어린 아이와 같이 받아들이지 않는 자는 결단코 거기 들어가지 못하리라 하시니라(눅 18:16~17).

23 | 사랑의 봉사교육

 16세기 문예부흥 시대에 독일의 교육이 일어나게 된 일화가 있다. 독일이 국민 교육을 위해 두메산골에 많은 학교를 세우고 교사를 파송 하였다.
 한 남 선생이 꿈을 가지고 시골 학교에 가서 종을 치니 더벅머리에 남루한 옷을 입은 소년 소녀들이 몰려왔다. 이 선생은 실망하여 아이들에게
 "너희들 내일 학교 올 때는 머리 깎고 세수하고 깨끗한 옷을 갈아입고 오너라."고 하였다.
 이튿날 이 선생이 종을 치니 한 학생도 나타나지 않았다. 그 이유인즉 아이들의 집에는 머리 깎을.가위도, 세수할 비누도, 갈아입을 새 옷도 없는 것이었다. 실망한 교사는 포기하고 돌아왔다.
 그 다음 다른 교사도 마찬가지로 도저히 다룰 수 없는 아이들을 포기하고는 되돌아왔다.
 그런데 자원하는 한 여 선생이 있어 그녀를 파송 하였다. 그녀는 두메산골의 지저분한 아이들을 보고는
 "내가 사흘 후에 다시 올 터이니 그때 종치면 모여라"고

말하고는 어디론가 가 버렸다.

사흘 후 여선생의 손에는 가위가 들려져 있었다. 머리를 하나하나 깎아 주고는 비누로 얼굴을 닦아주고, 가지고 온 새 옷을 입혀 주었다. 동네 아이들은 모두 예쁘고 단정한 아이들이 되어 기쁜 마음으로 공부하게 되었다.

이 이야기가 퍼져 나가자 전국에서 그와 같은 사랑의 봉사 운동이 일어나게 되니 독일에서 문맹이 퇴치되고 시골 구석구석에도 학문이 가능한 세계의 일등 국민이 되었다.

 예화와 관련된 말씀

사랑하는 자들아 우리가 서로 사랑하자 사랑은 하나님께 속한 것이니 사랑하는 자마다 하나님으로부터 나서 하나님을 알고(요일 4:7).

자녀들아 우리가 말과 혀로만 사랑하지 말고 행함과 진실함으로 하자(요일 3:18).

24 | 인디언 교실

 대학을 갓 나온 한 젊은 여 교사가 나바호의 인디언 보호 구역 안에 있는 초등학교에 부임했다. 이 선생은 매일 학생 5명씩을 지명하여 흑판 앞에 나와서 자기가 써 놓은 산수 문제들을 풀게 했다. 그런데 언제나 아이들은 흑판 앞에 우두커니 선 채로 전혀 문제를 풀려 하지를 않는 것이었다.

 그것은 애숭이 선생에 대한 반항 같지는 않았고, 문제를 몰라서 풀지 못하는 것 같지도 않았다. 여 선생은 도무지 그 까닭을 알 수가 없었다.

 '내가 무슨 잘못이라도 저질렀는가? 혹은 내가 공교롭게도 산수를 잘 하지 못하는 아이들만을 잘못 고른 것일까?'

 그러나 아무리 생각해도 자기의 교수법에 잘못이 있는 것 같지는 않았다.

 선생은 왜 문제를 풀지 않느냐고 학생들에게 물어 보았다. 대답은 그를 놀라게 했다.

 인디언 학생들은 어릴 때부터 서로의 개성이며 인격을 존중해야 한다고 어른들로부터 배워왔다. 그들은 자기네 반 안에는 산수 문제를 잘 풀지 못하는 아이도 있다는 것을 알고 있었다. 그런데 흑판 앞에서 문제를 풀게 되면 모든 학생들이 보는 앞에서 못하는 아이가 망신을 당하게 된다. 그것은 자칫하면 잘하는 아이에게는 우쭐함을, 못하는 아이에게는 열등감을 심어 놓을뿐이다.

이래서 그들은 어린 마음에도 교실 안에서 잘하는 아이, 못하는 아이를 가려낸다는 것이 얼마나 무의미한 경쟁이며 이로 인해 어린 마음에 상처를 줄 것을 두려워했던 것이다.

선생은 그 후부터 어린이들의 문제 풀기를 비공개적으로 따로따로 지도하는 방식으로 교수법을 바꾸었다. 그러자 아이들은 열심히 선생을 따라서 공부하기 시작했다.

예화와 관련된 말씀

감람나무가 그들에게 이르되 내게 있는 나의 기름은 하나님과 사람을 영화롭게 하나니 내가 어찌 그것을 버리고 가서 나무들 위에 우쭐대리요 한지라(삿 9:9).

25 | 자식에게 일을

일의 중요성을 아무리 강조하여도 말을 듣지 않는 아들에게, 아버지가 어느 날 이런 결단을 내렸다.

"나는 너같이 일하기 싫어하는 아들에게 재산을 물려 줄 용의가 없다! 그러나 지금이라도 네가 밖에 나가 일하여 직접 금화 한 닢을 벌어 온다면, 생각을 바꿀 수도 있다!"

아들은 누구보다도 강직한 아버지의 이 말에 겁을 먹었고, 나가 돈을 벌어 오겠다고 말했다. 그리고는 이웃집으로 가 금화 한 닢을 빌린 뒤, 일부러 한나절이 지나서야 집에 돌아와 아버지 앞에 그 금화 한 닢을 내놓았다. 그러나 아버지는 모든 사실을 알고 있다는 듯 즉시 금화를 집어 던졌다.

"이게 어째서 네가 직접 일하여 번 돈이라는 거냐!"

아들은 아무런 대꾸도 하지 못했다. 다음 날 아들은 아버지가 모르는 친구에게 금화 한 닢을 빌린 뒤 밤늦게 돌아와 그것을 아버지 앞에 내놓았다. 그러나 아버지는 이번에도 금화를 집어 던졌다.

"이것도 네가 직접 번 돈이 아니지 않느냐!"

아들은 아무 말도 하지 못했다. 아버지를 더 이상 속일 수 없다고 생각한 아들은, 이번에는 정말 밖에서 직접 돈을 벌기로 했다. 그는 공사장에서 일주일이나 심한 중노동을 한 뒤에야 겨우 금화 한 닢을 벌 수 있었다. 아들이 그 금화를 내어놓으니 아버지가 이번에도 금화를 집어 던졌다.

"이것도 네가 번 돈이 아닌 걸!"

그런데 이번에는 아들의 태도가 전과 달랐다. 아버지가 던진 그 금화 한 닢을 향해 날쌔게 뛰어가 줍고는 손에 꼭 잡은 뒤, 이렇게 완강히 저항하는 것이었다.

"왜 내 돈을 집어던지세요! 왜 내가 뼈아프게 고생해서 번 돈을 그렇게 집어던지세요!"

아들의 모습에 아버지가 야릇한 미소를 흘리며 말했다.

"음, 이번에는 진짜로군! 그래, 나 역시 그 동안 너처럼 그렇게 뼈아프게 벌어 왔다!"

예화와 관련된 말씀

> 그러므로 나는 사람이 자기 일에 즐거워하는 것보다 더 나은 것이 없음을 보았나니 이는 그것이 그의 몫이기 때문이라 아, 그의 뒤에 일어날 일이 무엇인지를 보게 하려고 그를 도로 데리고 올 자가 누구이랴(전 3:22).

04
아이에게 가르치라

마땅히 행할 길을 아이에게 가르치라 그리하면 늙어도 그것을 떠나지 아니하리라(잠 22:6).

01 | 교육의 실패는 모든 것의 실패

유대인은 어떤 일에 실패했을 경우 맨 먼저 교육이 바로 되지 않았기 때문이라고 생각한다.

왜냐하면 유대인들에게는 오랫동안 하나님을 부르는 일이 곧 배우는 일로 되어 있었기 때문이다.

배우는 일로 말미암아 유대인은 하나님을 부르고 하나님께 가까워진다고 생각했다.

예루살렘이 로마군에 의해 멸망됐을 때도 사람들은 군대에 의해 멸망된 것이 아니라고 생각했고,

그 멸망의 원인은 바로 그들의 교육이 올바로 되지 않았기 때문이라고 생각했다.

어느 마을에 한 저명한 랍비가 찾아왔다.

그 마을의 촌장은 이 랍비를 안내하여 마을의 경비 상태를 보여 주었다.

그 중 한 곳은 사병들이 붐비고 있는 작은 요새였고, 또 다른 한 곳은 나무 울타리로 둘러친 보루였다.

촌장이 랍비를 모시고 다시 숙소로 돌아왔을 때 랍비가 말

하기를 "나는 아직 이 마을이 어떻게 지켜지고 있는지 보지 못했습니다. 마을을 지키는 것은 사병이 아니라 회당입니다. 왜 나를 먼저 회당으로 안내하지 않았지요?"

 예화와 관련된 말씀

여호와를 경외하는 것이 지식의 근본이거늘 미련한 자는 지혜와 훈계를 멸시하느니라(잠 1:7).

02 | 달리다 기권한 아이

 1968년의 장애인 올림픽 대회 육상 경기장에서 있었던 일이다. 50야드 경기의 선수 중에는 뇌성마비로 인한 지체 부자유자가 있었다. 그는 출발 때부터 다른 선수들을 앞질러 달려 나갔다. 그는 결승점을 10야드쯤 남기고 뒤돌아보았다. 그의 바로 뒤를 따르던 여자 선수의 휠체어가 뜻하지 않게 방향을 잃고 쓰러지려고 하는 것이 보였다. 또 다른 남자 선수는 한 바퀴 돈 의자를 뒷발질하면서 밀고 있었다.

 일등으로 달리던 선수는 달리다 말고 되돌아가서 여자 선수가 탄 의자를 결승점까지 밀어 주었다. 결국 휠체어를 뒷발질 해가며 달려온 남자 선수가 일착으로 결승점에 들어왔다. 그리고 여자 선수가 2위가 되고 그는 3위가 되었다.

 그러나 관중석의 사람들은 일제히 자리에서 일어나서 3위를 한 그 남자 선수에게 열렬한 박수를 보냈다. 그 선수는 한국 선수였다.

 또 어느 초등학교의 운동회에서 한 소년이 달리기 경기에서 일등을 했다. 득의만면해서 가족석에 돌아오는 아이를 그의 가족들은 박수를 치며 반겼다. 달리기를 잘하는 그 소년은 두 번째 경기에도 출전했다. 이번에도 그는 제일 빨리 달렸다. 그런데 그는 흘깃 뒤돌아보며 자기를 뒤따라오는 아이를 보는 순간 갑자기 달리기를 멈추고 줄밖으로 나갔다. 기권을 한 것이었다. 그의 어머니가 물었다.

"애야, 발에 쥐라도 났었니? 아니면 발목을 삐었니? 어째서 다 이긴 경기를 포기한 것이냐?"

"사실은, 내 짝은 아직 상을 하나도 받지 못했거든요."

그는 자기 짝이 상을 받게 하기 위해 일부러 경기를 포기한 것이었다.

예화와 관련된 말씀

서로 돌아보아 사랑과 선행을 격려하며(히 10:24).

너희가 진리를 순종함으로 너희 영혼을 깨끗하게 하여 거짓이 없이 형제를 사랑하기에 이르렀으니 마음으로 뜨겁게 서로 사랑하라(벧전 1:22).

03 | 자녀를 위한 기도

  미국에 조지 맥러스키라는 사람이 있었다. 그는 결혼하면서 하나님과의 만남이 좋아 매일 일정 시간을 기도에 투자했다. 그는 기도할 때 항상 그의 두 딸이 예수님을 잘 섬기는 딸이 되게 해 달라고 기도했는데, 그러다가 점차 아직 태어나지 않은 손자와 증손자를 위해서도 기도하기 시작했다. 결국 그의 두 딸은 자라서 모두 예수님께 헌신하고, 역시 예수님께 헌신한 두 청년들과 결혼했다. 그리고 두 딸 부부는 네 명의 손녀와 한 명의 손자를 낳았는데, 네 명의 손녀도 모두 예수님께 헌신했고, 손자는 목사가 되었다.

  그리고 그들을 통해서 가장 먼저 두 명의 증손자가 생겼는데, 공교롭게도 그 둘은 똑같은 대학에 진학해서 룸메이트가 되었다. 대학교 2학년 때 한 증손자는 목회자가 되기로 결심했다.

  반면에 다른 증손자는 심리학 공부를 선택했다. 심리학을 선택한 증손자는 자신이 신학이 아닌 심리학을 선택한 것에 대해 약간의 죄책감도 들었지만 그는 심리학을 통해서도 하나님께 영광 돌릴 수 있음을 확신했다. 그 심리학을 선택한 학생이 미국 최대의 베스트셀러 작가이자 우리나라 극동 방송에도 매일 나오는 유명한 가정 상담 전문가 제임스 돕슨이다.

만약 조지 맥러스키가 없었다면 제임스 돕슨도 없었을 것이다. 맥러스키의 기도는 그의 가정에 수십 년 동안 영향을 미쳤을 뿐만 아니라 전 세계의 수많은 가정들에게도 영향을 미쳤다. 우리는 기도의 영향력을 과소평가하지 말아야 한다. 우리는 우리의 기도를 잊어도 하나님은 잊지 않고 반드시 응답해주실 것이다.

 예화와 관련된 말씀

너희는 먼저 그의 나라와 그의 의를 구하라 그리하면 이 모든 것을 너희에게 더하시리라(마 6:33).

오늘 내가 네게 명령하는 여호와의 규례와 명령을 지키라 너와 네 후손이 복을 받아 네 하나님 여호와께서 네게 주시는 땅에서 한 없이 오래 살리라(신 4:40).

04 | 돼지를 잡은 아버지

증자의 아내가 시장에 가려고 집을 나섰는데, 그 어린 아들이 같이 가겠다며 따라오면서 울었다.

"애야, 집으로 돌아가 있어라. 내가 시장에 갔다 와서 돼지를 잡아 삶아 주마."

증자의 아내는 이렇게 아들을 달래고 시장에 갔다.

얼마 후 시장에서 돌아와 보니 증자가 돼지를 잡으려 하고 있었다. 아내가 깜짝 놀라 증자에게 말했다.

"왜 돼지를 잡으려고 합니까?"

증자가 대답했다.

"당신이 아이와 약속을 했지 않소?"

아내는 가슴을 탕탕 쳤다.

"어휴, 당신도! 단지 아이를 달래기 위해서 해본 말인데, 정말 돼지를 잡으시면 어찌합니까?"

증자는 정색을 하고 말했다.

"어린 아이에게 실없는 말을 해서는 안 되오. 아이들은 무엇이든 부모의 흉내를 내고 배우려 하기 마련이오. 그런데 당신은 어머니로서 아들을 속이고, 그리하여 결국 아들이 어머니를 믿지 않게 된다면 앞으로 어떻게 교육을 시킬 수 있단 말이오."

증자는 돼지를 잡아 아들에게 먹였다.

예화와 관련된 말씀

또 아비들아 너희 자녀를 노엽게 하지 말고 오직 주의 교훈과 훈계로 양육하라(엡 6:4).

05 | 백범 김구 선생의 어머니

  위대한 인물 뒤에는 꼭 위대한 부모가 있듯이 백범 김구 선생도 예외는 아니었다.

  그의 어머니 곽낙원(郭樂園)은 일찍이 기독교에 귀의하여 권사가 되었고, 교회활동에 적극적이었으며, 아들을 위해 평생을 기도했다.

  그 어머니의 교훈과 신앙적 격려는 백범의 생애와 활동에 큰 격려와 뒷받침이 된 것으로 전해진다.

  을미사변 후 김구가 명성왕후를 시해한 무리 중의 하나인 일본 육군 중위 쓰다(土田)를 죽인 후 살인범으로 체포되고, 서울로 압송될 때 모친께 기어이 목숨을 부지하여 나라를 위해 큰일을 해내겠다는 결심을 말했다.

  그 때 대범한 그의 어머니는

"좋다. 네 믿음이 너를 살려 줄 것이다. 하늘이 너를 살려 줄 것이다. 네가 그토록 의로운 일을 했기 때문에 죽지 않을 것으로 믿고 있다면 나는 이제부터 안심이다. 너는 살아서 기어이 큰일을 해야 한다."

라고 말하고 백범을 끌어안고 간절히 기도를 올렸다.

사지에서 백범은 살아났고 그 신앙적 확신과 기도는 이루어졌다.

 예화와 관련된 말씀

의인이 부르짖으매 여호와께서 들으시고 그들의 모든 환난에서 건지셨도다(시 34:17).

06 | 사랑하는 자녀에게

어떤 분이 세상을 떠나면서 다음의 이야기를 잊지 말라고 자녀들에게 유언을 남겼다.

- 매일매일 열심히 공부해야 한다. 성적에 구애받지 말고 자기가 중요하다고 생각하는 것을 공부해야 한다.
- 만족한 답이 아니더라도 좋으니까 이해할 때까지 끝까지 생각해야 한다.
- 꼴지라도 좋으니까 전력을 다해 달려야 한다.
- 늦어도 좋고 모자라도 좋으니까 성실하게 책임을 다해야 한다.
- 남의 비웃음을 받아도 좋으니까 남의 흉내를 내지 말고 자기 생각대로 해야 한다.
- 칭찬 받지 않아도 오해를 받는 일이 있어도 화를 내지 말고 참고 견디어야 한다.
- 유명하게 된다든지 권력을 잡는 것을 목적으로 하지 말고, 평범하고 소박한 생활에서 자기를 높여야 한다.
- 크게 되었을 때 자기나 가족의 행복만을 구하지 말고, 세상에 쓸모 있는 인간이 되어야 한다.

보통 사람이라면, 후손들을 모아 놓고 땅은 어디 있고, 돈은 얼마 있으니 아껴서 가족을 돌보아라. 어디 어디에 투자해서 재산을 늘려라. 누구를 조심하고, 누구는 은혜를 갚아라… 하는 식이었을 것이다.

위의 유언은 좁은 틀에 얽매인 사람의 말이 아니라 인생의 지혜를 전하는 말이어서 후손만이 아니라 인생의 후배들에게 남긴 말도 된다.

만일 나의 부모가 이런 말씀을 남겼다면, 만일 내가 자녀에게 유언을 남긴다면, 위의 내용 중에서 몇 가지나 생각할 수 있을까?

예화와 관련된 말씀

또 아비들아 너희 자녀를 노엽게 하지 말고 오직 주의 교훈과 훈계로 양육하라(엡 6:4).

07 신앙의 후손

 미국 뉴욕시 교육위원회에서 매우 흥미로운 교육자료 하나를 개발한 적이 있다. 그것은 신앙인과 불신앙인이 후손들이 대를 이어가면서 어떤 모습으로 살았는가에 대한 통계 수치였다.

 위원회는 이 조사를 위해 두 사람의 표본모델을 선정했다. 한 사람은 프린스턴 대학 설립자이자 보수 신학자 에드워즈 요나단 목사였고, 다른 한 사람은 뉴욕에서 살롱 술집을 경영하여 거부가 된 무신론자 마크스 슐츠였다.

 위원회에서는 이 두 사람의 후손들을 5대에 이르도록 면밀하게 확인하고, 그 개개의 인적 사항을 컴퓨터에 입력하여 통계를 추출했다.

 에드워즈 요나단의 5대에 걸친 후손들은 모두 896명이었다. 그 중 선교사와 목사가 116명, 교사, 교수, 학장, 총장 등 교육자가 86명이었다.

 이들 교육자 중에는 총장이 3명, 학장이 66명이나 되었는데, 그 총장 중에는 찬송가 246장 '내 주의 나라와'를 쓴, 예일대학의 총장 티모티 드와이트 박사도 포함되어 있었다.

그밖에도 부통령이 1명, 상원 의원이 4명, 문학가 및 문필가가 75명, 발명가가 21명, 실업가가 73명 그리고 장로, 집사가 286명이나 되었다.

마크스 슐츠의 5대 후손들은 모두 1,062명이나 되었다.

그런데 이들은 평균 교도소 생활 5년 정도 한 사람이 96명, 정신병자 및 알코올 중독자가 58명, 창녀가 6명, 정부 보조 극빈자가 286명, 불학무식한 자가 406명이나 되었고, 이들이 사고를 쳐서 연방 정부의 예산을 낭비한 금액이 무려 1억 5천 만 불이나 되었다.

예화와 관련된 말씀

너희가 악한 자라도 좋은 것으로 자식에게 줄줄 알거든 하물며 하늘에 계신 너희 아버지께서 구하는 자에게 좋은 것으로 주시지 않겠느냐(마 7:11).

온전하게 행하는 자가 의인이라 그의 후손에게 복이 있느니라(잠 20:7).

08 | 포기하지 않는 사랑

 수년 전 한 아가씨가 스코틀랜드 주일학교에서 장난꾸러기 소년만 모인 반의 담임을 자청하고 나섰다. 그중에서도 보비라는 소년은 다룰 수 없는 골칫거리 아이였다. 주일학교에서는 이 여선생님에게 새 옷 한 벌을 가지고 보비의 집을 방문하여 계속 출석을 잘하도록 했다.

 여선생님이 보비의 집을 방문했을 때 보비는 씻지 않아 땟물이 흐르는 얼굴에 머리는 빗질을 하지 않아 헝클어져 있었고, 그가 입고 있는 옷은 진흙에 뒹굴어 거의 걸레가 되어 있었다. 여선생님은 보비에게 새 옷을 갈아입히고 교회에 잘 나오도록 부드럽게 얘기했다.

 그러나 보비는 또 더러워졌고 교회도 나오지 않았다. 여선생님은 다시 보비를 방문했다. 이미 새 옷은 다 망쳐지고 걸레가 되어 있었다. 또 한 벌의 새 옷을 선물하고 잘 타일렀다. 그러난 여전히 보비는 달라지지 않았다.

 여선생님은 힘이 빠지고 말았다. 주일학교 부장을 찾아가 이제 더이상 어쩔 수 없다고 했다. 그러나 주일학교 부장은 "용기를 잃지 말고 계속해 보십시오."하고 격려했다.

그 여선생님의 계속적인 노력으로 고삐 풀어진 망아지 같은 이 소년은 나중에 훌륭하게 성장하여 중국에 선교사로 갔다.

그가 바로 로버트 스미슨 목사이다. 그는 성경을 중국어로 번역하여 수백만의 영혼을 주께로 나오게 했다.

 예화와 관련된 말씀

내가 너와 네 후손에게 네가 거류하는 이 땅 곧 가나안 온 땅을 주어 영원한 기업이 되게 하고 나는 그들의 하나님이 되리라(창 17:8).

사랑하는 자들아 우리가 서로 사랑하자 사랑은 하나님께 속한 것이니 사랑하는 자마다 하나님으로부터 나서 하나님을 알고(요일 4:7).

09 | 종근당 제약과 종

 한국 사람이라면 누구나 종근당이라는 제약회사를 잘 안다. 이 회사는 이름이 종근당일 뿐 아니라 회사의 상징, 로고도 종이다. 종이 회사의 상징이다. 이 회사의 상징이 종이 된 데는 유명한 이야기가 있다.

 옛날에 서대문 영천 시장은 콩나물 장수 아줌마들이 많기로 유명했다고 한다.

 그중 신앙심 깊은 한 아주머니가 있었다. 이 아주머니는 새벽마다 콩나물 통을 머리에 이고 시장에 나가는 길에 꼭 교회에 들러 새벽기도를 드렸다.

 그녀의 기도제목은 자식들을 믿음으로 성장시켜 하나님의 일꾼으로 길러내는 것이었다. 이 어머니의 기도는 이루어졌고, 그녀는 아들들은 훌륭한 사람들로 성장했다.

 그 아들 중 하나가 훗날 큰 제약회사의 사장이 되었다. 아들은 어머니가 매일 새벽 교회에 나가 열심히 기도하던 일을 잊을 수 없었다. 그 때문에 지금의 자기와 자기의 모든 것이 있게 된 것이라고 생각했다.

 자신의 모든 것이 어머니의 기도의 응답이라고 생각했던

것이다. 이것을 늘 잊지 않고 살 수 없을까? 그러면서 새벽기도를 생각할 때 교회 종소리가 생각났다.

옛날에는 교회마다 종을 쳤다. 그래서 그는 교회의 새벽 종소리가 연상되도록 자신의 제약회사 심벌마크를 '종(鍾)'으로 정한 것이다. 종은 바로 새벽기도의 응답을 상징하는 것이다.

예화와 관련된 말씀

또 여호와를 기뻐하라 그가 네 마음의 소원을 네게 이루어 주시리로다(시 37:4).

새벽 아직도 밝기 전에 예수께서 일어나 나가 한적한 곳으로 가사 거기서 기도하시더니(막 1:35).

10 | 천금보다 나은 교육

조선 때 김학성(金鶴聲)이란 사람이 있었다. 어려서 아버지를 잃고 홀어머니 밑에서 자랐는데 집이 매우 가난하였다. 어머니는 남의 집 삯방아를 찧고 품 바느질을 하여 학성과 동생을 서당에 보내느라 끼니는 항상 시래기죽을 면치 못했다.

어느 비오는 날이었다. 학성의 어머니가 뒤뜰에서 방아를 찧으며 들으니 낙숫물 떨어지는 곳에서 이상한 쇠붙이 소리가 들렸다. 자세히 보니 패인 마당에 쇠 항아리 하나가 드러나 보였다. 이상한 생각이 들어 파 올려 열어보니, 이게 왠일인가? 그 안에 금이 가득 들어 있는 것이 아닌가? 금을 움켜쥔 어머니의 기쁨은 잠깐이었다.

"아니다. 지금 우리 아이들이 고생을 참으며 공부하는 것은 스스로 장래를 개척하려는 일념 때문이다. 그런데 갑자기 이런 많은 돈이 생긴 것을 안다면 게으른 마음이 생기지 않을 수 있겠는가?"

생각이 여기에 미치자, 어머니는 땅을 더 깊숙이 파고 그 항아리를 다시 묻어 버리고, 얼마 후 집을 팔고 다른 곳으로 이사를 하고 말았다. 이런 어머니의 정성에 학성과 동생은 모두 과거에 급제하였다. 어느 해 아버지의 제삿날을 맞아 어머니는 두 아들을 앉혀 놓고 그 때의 일을 들려주었다.

"그 때의 내 생각이 옳았던 것 같다. 이게 이렇게 훌륭하게 장성한 너희들을 보니, 죽어서 너희 아버지를 뵈어도 할 말이 있게 되었구나."

동생이 물었다.

"그런 엄청난 돈이 있었으면 어머니께서는 고생을 하시지 않아도 될 것이요, 저희는 좀 더 배불리 먹고 많은 공부를 했을 터인데 왜 그렇게 하셨습니까?"

"아니다. 뜻밖의 재물이란 자칫 잘못하면 재앙을 불러일으키는 요물이 된단다. 그때 그 돈을 우리가 차지하였더라면 너희들의 마음이 동요되지 않을 수 없었을 것이다."

예화와 관련된 말씀

마땅히 행할 길을 아이에게 가르치라 그리하면 늙어도 그것을 떠나지 아니하리라(잠 22:6).

아이의 마음에는 미련한 것이 얽혔으나 징계하는 채찍이 이를 멀리 쫓아내리라(잠 22:15).

11 | 예수님의 자리

다음은 어느 목사님의 간증이다.

미국에서 한 가정의 초청을 받아 가서 재미난 일을 목격하였다. 식탁에 의자가 죽 있는데 그 중 하나는 꼭 비워놓았다.

한 번은 내가 그 의자에 앉으려고 하니 그 집 꼬마가 앉으면 안 된다고 깜짝 놀랐다.

왜 그러느냐고 물었더니 그 의자는 예수님의 의자라는 것이다. 그리고 그 가정의 어린이들은 그 의자를 향해 앉아서 두 손을 모으고 기도를 한다.

참 아름다운 모습이었다. 그들의 부모가 아이들을 그렇게 훈련을 시키고 있었다.

이 집 어린 형제 둘이서 싸우다가 갑자기 형이 동생을 툭 치면서

"야! 조용히 하자. 예수님이 들으신다."라고 말한다.

이들의 부모는 그 아이들이 하나님 앞에서 사는 삶의 훈련을 잘 시켰던 것이다.

그리스도는 이 집의 주인이시요
식사 때마다 보이지 않는 손님이시요
모든 대화에 말없이 듣는 이시라

 예화와 관련된 말씀

내가 그들에게 한 마음과 한 길을 주어 자기들과 자기 후손의 복을 위하여 항상 나를 경외하게 하고(렘 32:39).

너는 진리의 말씀을 옳게 분별하며 부끄러울 것이 없는 일꾼으로 인정된 자로 자신을 하나님 앞에 드리기를 힘쓰라(딤후 2:15).

12 | 어머니 모니카의 기도

 모니카(Monica)에게는 방탕한 아들이 있었다. 그 아들 어거스틴이 방탕한 생활을 하며 마니교를 신봉하고, 세상에서 많은 사람에게 인기를 누리며 사는 것을 즐거워하였다. 독실한 기독교인이었던 어머니로서는 아들 어거스틴이 그 잘못된 길에서 돌아오기 위하여 얼마나 애쓰며 눈물로 기도했는지 모른다. 10년이 넘게 하나님께 애원했다.

 그러나 아들 어거스틴의 생활에는 아무런 변화가 나타나지 않고 오히려 더 심해지고 있었다. 모니카는 낙심했다. 한번은 너무 속이 상하고 안타까워서 자기 교구의 암브로스 감독을 찾아가서 아들의 심령을 위해 호소하면서 흐느껴 울었다.

 "신부님, 제 아들 어거스틴을 하나님께서 영원히 버리신 것 같아요. 제가 아무리 오랜 세월동안 제 아들의 심령을 위해 기도 드렸지만 하나님은 제 기도에 아무런 응답이 없으십니다. 제 아들이 돌아오기를 10년이 넘게 애타게 기도했습니다. 그러나 내 아들의 생활에는 아무런 변화가 없고 오히려 더해 가는 것 같습니다. 신부님, 저는 어떻게 해야 합니까?"

그녀는 신부 앞에서 울음을 그치지 못했다. 이 때 눈물을 흘리며 애타는 심정으로 호소하는 어거스틴의 어머니 모니카의 모습을 가만히 지켜보고 있던 암브로스 감독은 조용히 입을 열어 말했다.

"자매님, 너무 염려하지 마십시오. 절대로 낙심하지 마세요. 눈물로 간절하게 기도하는 어머니가 있는 아들은 절대로 망하지 않을 것입니다. 계속 기도하세요."

암브로스 감독의 격려의 말에 힘을 얻은 모니카는 계속 하나님께 기도 드렸다. 그 결과 어거스틴이 회개하고 하나님께 돌아오게 되었고 우리 기독교 역사상 빛나는 인물이 되었다.

예화와 관련된 말씀

구하라 그리하면 너희에게 주실 것이요 찾으라 그리하면 찾아낼 것이요 문을 두드리라 그리하면 너희에게 열릴 것이니(마 7:7).

13 가장 귀한 교훈

철학자 소크라테스가 늙고 병들었을 때 제자들로부터 한 가지 부탁을 받았다.

"선생님, 마지막으로 사람들에게 가장 소중한 메시지를 하나만 들려주십시오"

소크라테스는 지그시 눈을 감은 채 말했다.

"아테네 산꼭대기에 올라가서 시민들을 향해 간절히 외치고 싶은 말이 하나 있다네"

제자들이 다시 물었다.

"그 말이 무엇입니까"

소크라테스가 큰 소리로 대답했다.

"사람들이여, 재물을 모으는 일에만 충실하지 말라. 그것을 물려받을 어린이들에게 좀 더 많은 사랑과 정성을 쏟아라. 이것이 내 일생을 통해 얻은 가장 귀한 교훈이다"

사람들은 간혹 진정 소중한 것이 무엇인지를 망각하며 살고 있다.

어린이를 잘 양육하는 것이 부모에게 맡겨진 제1의 사명이다. 어린이의 마음은 하늘과 닿아 있다. 어린이는 하늘이 인류에게 보낸 선물이다.

  방정환 선생님은 아이들을 '어린이'라고 불렀다. 이 말 속에는 '어리신 분'이라는 존경의 뜻이 담겨 있다.

 예화와 관련된 말씀

그 때에 사람들이 예수께서 안수하고 기도해 주심을 바라고 어린 아이들을 데리고 오매 제자들이 꾸짖거늘 예수께서 이르시되 어린 아이들을 용납하고 내게 오는 것을 금하지 말라 천국이 이런 사람의 것이니라 하시고(마 19:13,14).

14 │ 엄한 스승이 아니면 성공하지 못한다

 유몽인(柳夢寅)의 누이인 유씨는 홍천민(洪天民)에게 시집가서 아들 서봉(瑞鳳)을 낳았다. 그런데 남편이 일찍 죽어 혼자의 힘으로 아들을 기르고 가르쳐야 했다. 다행히 아들은 남달리 영리한데다가 말썽없이 잘 자랐다. 그런데도 이따금 공부에 게을리 하는 눈치가 보이면 사정없이 회초리를 들었다.
 "너는 불행하게도 어려서 아버지를 잃었다. 세상에서는 아비 없이 자란 아이는 버릇이 없다고 손가락질을 하기가 일쑤이다. 나는 네가 그런 아들이 되는 것을 바라지 않는다."
 그리고는 피가 묻은 회초리를 비단 보자기에 잘 싸 장롱 깊숙이 간직하면서 이렇게 말했다.
 "이 회초리가 장차 우리 집안의 흥망을 좌우할 것이다. 나는 이 회초리로 때리면서 피눈물을 흘렸지만 네가 커서 이걸 보면 이 어미를 자랑스럽게 여길 것이다."
 유씨 부인은 아들에게 글을 가르칠 때면 외간 남자를 대하듯이 사이에다 병풍을 쳤다. 어떤 사람이 이상하게 여겨 물었더니, 이렇게 대답했다.

"어미와 자식 사이는 아버지처럼 엄격할 수가 없는 법이오. 이 아이가 너무 영리해서 글을 잘 외는 것을 보면 나도 모르는 사이에 기쁜 빛이 얼굴에 나타나게 된다오. 그래서 자칫하면 그 애에게 자만심을 길러 주겠기에 내 얼굴을 못 보게 하는 것이라오."

이런 어머니에게 교육을 받은 홍서봉은 후에 영의정을 지냈으며 문장에도 뛰어났다.

예화와 관련된 말씀

내가 네 갈 길을 가르쳐 보이고 너를 주목하여 훈계하리로다 (시 32:8).

지혜로운 아들은 아비의 훈계를 들으나 거만한 자는 꾸지람을 즐겨 듣지 아니하느니라(잠 13:1).

아이를 훈계하지 아니하려고 하지 말라 채찍으로 그를 때릴지라도 그가 죽지 아니하리라(잠 23:13).

15 | 쓴 맛

 중국에서는 아이가 갓 태어나면 젖을 먹이기 전에 5향(五香)이라 해서 다섯 가지 맛을 먼저 보게 한다고 한다.

 첫 번째는 초 한 방울을 혀에 묻혀준다.
 두 번째는 소금을 혀끝으로 핥게 한다.
 세 번째는 씀바귀의 흰 즙을 혀에 묻혀 준다.
 네 번째는 가시로 혀끝을 찔러 아프게 한다.
 다섯 번째는 사탕을 핥게 해서 단맛을 맛보게 한다.

 이런 모습을 미국 선교사가 보고 "신생아를 학대하는 원시적인 악습"이라고 비판했다. 그 비판을 받고 중국의 석학 임어당이 맞받아쳤다.
 "서양 문명이 인생을 보는 한계를 우리는 그것을 통해 알 수 있다."
 옛날 우리나라에서도 정초 시식 때는 아이들에게 고들빼기와 씀바귀나물을 먹였다고 한다.
 인생은 맵고 짜고 쓰고 아픈 맛을 감내하지 못하면 단맛을 볼 수 없다는 것을 음식을 통해서 중국인들은 아이들에게 교육하고자 했던 것이다.

오늘날에는 자식에게 너무 달콤한 것만으로 자식이 원하는 것만을 주는 교육으로 인해 이기주의가 만연하고 있다. 이때에 이런 교육이 없어서 아쉽다.

 예화와 관련된 말씀

훈계 받기를 싫어하는 자는 자기의 영혼을 경히 여김이라 견책을 달게 받는 자는 지식을 얻느니라(잠 15:32).

16 | 마귀가 나쁜 생각을 넣기 전에

 어떤 사람이 유대 랍비에게 와서 어떻게 해야 자녀들을 잘 가르칠 수 있는지를 질문을 했다.
 그러자 랍비는 "일찍부터 가르치세요."라고 대답했다.
 그때 어떤 젊은 부인이 두 살 된 아이를 업고 와서 역시 같은 질문을 하니까
 "당신은 이미 자녀교육에 있어 2년이 늦었습니다."하고 대답을 했다.
 즉, 어린이는 일찍부터 가르쳐야 한다는 것이다.
 요즘에는 태중에서부터 교육을 해야 한다고 해서 태교가 유행을 하고 있지만, 그 중에서도 특별히 어릴 적부터 성경과 하나님을 바로 알고 자랄 수 있도록 가르쳐야 한다.
 구세군의 '케세린 부스'라는 여인은 여덟 명의 자녀들이 있었다. 케세린 부스 여인은 이 여덟 명의 자녀들 모두 사회에 크게 공헌하는 사람들로 키웠다.
 그뿐 아니라, 그녀의 남편 부스 대장을 잘 도우면서 자녀들을 양육했다. 사람들이 와서 자녀들을 어떻게 그렇게 잘 양육을 했는지를 물었을 때 케세린 부스 여인은 이렇게 대

답을 했다.

"마귀가 와서 나쁜 생각을 넣기 전에 하나님의 말씀을 가르쳐 주었어요."

어린 아이의 교육은 일찍부터 가르쳐야 그만큼 바르게 자랄 수 있는 것이다.

 예화와 관련된 말씀

마땅히 행할 길을 아이에게 가르치라 그리하면 늙어도 그것을 떠나지 아니하리라(잠 22:6).

17 | 자녀들을 위한 7가지 용돈교육

황금만능주의가 만연한 사회, 돈이면 뭐든지 다 되는 것처럼 이 사회에는 돈에 대한 가치가 어느 때보다 강조되고 있고, 또한 돈이면 무엇이든 다 되고 있는 사회가 되어 버렸다.

하지만 하나님께서는 돈에 대한 바른 가치관을, 청지기로서의 삶을 우리에게 가르치신다. 이러한 삶을 살기 위해서는 어릴 적부터 자녀들에게 돈 관리 교육이 필요하다.

돈은 삶의 수단이지 목적이 아님을 알게 해야 하고, 유용하게 쓰는 법을 가르쳐야 한다. 용돈을 어떻게 관리하고 교육해야 할까?

아래 7가지 꼭 필요한 용돈 교육을 참고하기 바란다.

1. 돈과 일에 긍정적 태도를 키워줘라.
2. 집안일을 시켰을 때 돈을 주지 말라.
3. 용돈은 정기적으로 필요한 만큼 주어라.
4. 용돈 기입장을 쓰도록 한다.
5. 고가품은 순순히 사주지 말라.

6. 저축 습관을 길러주라.
7. 금전 교육은 일관되게 꾸준히 어릴 때부터 교육해야지 청소년기에 뒤늦게 충격적인 내용으로 금전교육을 실행해서는 안 된다.

이상 7가지 용돈 교육은 어릴 적부터 교육해야 바른 청지기의 삶을 살 수 있는 것이다.

예화와 관련된 말씀

사람들이 자기를 사랑하며 돈을 사랑하며 자랑하며 교만하며 비방하며 부모를 거역하며 감사하지 아니하며 거룩하지 아니하며(딤후 3:2).

돈을 사랑함이 일만 악의 뿌리가 되나니 이것을 탐내는 자들은 미혹을 받아 믿음에서 떠나 많은 근심으로써 자기를 찔렀도다(딤전 6:10).

18 | 자녀 교육의 8가지 비결

1. 지식보다는 지혜를 가르친다.

2. 일이나 공부를 강조하지 말고 즐겁게 하는 것을 가르치라.

    유대인은 학교 첫 등교하는 날 책에 꿀을 발라서 배움은 이렇게 좋은 것이 라고 가르친다고 한다.

3. 보는 교육보다 생각하는 교육을 하라.

    TV보는 것보다 책읽기를 많이 하게 하고 사물의 겉모습보다 속을 볼 수 있게 하고, 사람의 겉보다 속을 볼 줄 알게 교육하라.

4. 남이 하는 정도로 만족하지 않게 하라.

    더 잘할 수 있다고 자신감을 키워주라.

5. 고집을 꺾어라.

    고집이 남아 있으면 남의 가르침을 배우려 하지 않고 남의 장점을 배우려 하지 않는다.

6. 자녀를 오른손으로 때렸다면 왼손으로 껴안아 주어서 정을 키워 주라.

7. 구박하지 말라.

   벌을 주든지 책임을 주어 의지를 키우라.

8. 신앙을 갖게 하라.

   자기 조절의 힘과 자기 추진의 힘을 키워 주라.

 예화와 관련된 말씀

마땅히 행할 길을 아이에게 가르치라 그리하면 늙어도 그것을 떠나지 아니하리라(잠 22:6).

선한 행실의 증거가 있어 혹은 자녀를 양육하며 혹은 나그네를 대접하며 혹은 성도들의 발을 씻으며 혹은 환난 당한 자들을 구제하며 혹은 모든 선한 일을 행한 자라야 할 것이요(딤전 5:10).

정녕히 네 장래가 있겠고 네 소망이 끊어지지 아니하리라 내 아들아 너는 듣고 지혜를 얻어 네 마음을 바른 길로 인도할지니라(잠 23:18~19).

19 | 뜨거운 눈물

 어린 외아들을 둔 부부가 있었다. 어느 날 약속을 어긴 아들에게 아버지는 "다시 한 번 약속을 어기면 그때는 추운 다락방에 가두어 버릴 거야"라고 말했다.

 그러나 아들은 또 다시 약속을 어겼다. 아버지는 아들을 다락방에 가두었다. 그런데 그날 밤은 유난히 눈보라가 몰아치고 기온이 뚝 떨어져서 몹시 추웠다. 다락방의 아들 생각에 부부는 서로 잠을 이루지 못하고 뒤척였다.

 아내가 슬그머니 일어나는 것을 보고 남편이 말했다.

 "당신 마음은 아프겠지만, 그 애를 지금 다락에서 데려오면 아이는 앞으로 부모의 말을 듣지 않을 거요." 아내는 다시 자리에 누웠다. 그러자 남편이 슬그머니 일어나면서 "화장에 다녀오리다"라며 나갔다.

 남편은 화장실에 가는 척 하면서 다락으로 올라갔다. 아들은 추운 다락방의 딱딱한 바닥에서 이불도 없이 웅크린 채 잠들어 있었다. 아버지는 그 옆에 누워 팔베개를 해주고 아들을 꼭 끌어안아 주었다. 그렇게 긴 겨울밤이 지나가고 있었다.

문득 눈을 뜬 아들의 두 눈에서 뜨거운 눈물이 흘러내리기 시작하였다. 창가에 쏟아지는 별빛은 사랑으로 가득 찬 아버지의 따뜻한 눈빛처럼 느껴졌다. 가장 추운 곳에서 마음은 가장 따뜻한 밤이었다.

물질이 없는 것도 견디기 힘든 일이기는 하지만, 버림받고 있다는 느낌은 더욱 사람을 아프게 한다. 실패와 좌절이 우리를 괴롭게 하지만 그보다 더욱 절망적인 것은 사랑받지 못한다는 생각이다.

예화와 관련된 말씀

모든 것을 참으며 모든 것을 믿으며 모든 것을 바라며 모든 것을 견디느니라(고전 13:7).

20 | 록펠러의 어머니

 세계 제일의 부호 록펠러는 시카고 대학을 비롯해서 12개의 종합대학과 12개의 단과대학 및 연구소를 지어 사회에 기증했고, 4928개의 교회를 건축하여 하나님께 바쳤던 사람이다. 그가 86세 때 시카고 교회를 지어 하나님께 헌당 예배를 드릴 때, 경제부 기자가 록펠러에게 물었다.

 "록펠러씨, 당신은 지금까지 세계 제일의 부호를 누리고 계시는데 그 비결이 무엇입니까?" 그러나 록펠러는 기자에게 이렇게 대답했다. "예, 나는 저의 어머니로부터 엄청난 신앙적인 유산을 물려받았기 때문이지요." 록펠러는 이어서 어머니가 물려준 신앙의 유산을 들려주었다.

 "첫째로, 어머니는 내가 어릴 적부터 십일조를 철저히 하도록 가르쳐 주었습니다. 매주 20센트의 용돈을 줄 때마다 십일조를 하도록 가르쳐주었습니다. 그래서 저는 여섯 살 때부터 그의 손으로 직접 십일조를 했습니다. 그 후 신문팔이를 하고 껌팔이를 할 때에도 십일조를 했고, 일생에 단 한 번도 떼먹어 본 적이 없었습니다. 둘째로, 어머니는 성전 건축의 축복을 가르쳐 주셨습니다.

"록펠러야! 네가 세계 제일의 부자가 되고 싶니? 세계에서 제일 멋진 교회를 하나 지어 하나님께 바쳐보아라 그러면 넌 진짜로 세계 제1의 부자가 될 것이다."

그래서 어머니 말씀대로 세계에서 가장 크고 멋진 리버사이드 쳐치를 지어 하나님께 드렸습니다. 그 후 하나님은 나를 더욱 축복해 주셔서, 단 한 번도 세계 부호의 1위 자리를 양보하지 않게 해주셨습니다. 이런 하나님의 축복에 보답하고자 나는 지금까지 수 천개(4982개)의 교회를 지어 하나님께 드렸습니다. 그 결과 나는 회사 내에 십일조 부서를 만들어 놓았는데 그 부서에서 십일조만 계산하고 담당하기 위해 40명의 직원이 일하고 있습니다. 셋째로, 교회의 맨 앞자리에 앉도록 가르쳤고, 넷째는 무슨 일이 있어도 교회목사와는 싸우지 말 것을 가르쳤습니다."

 예화와 관련된 말씀

네가 호렙 산에서 네 하나님 여호와 앞에 섰던 날에 여호와께서 내게 이르시기를 나에게 백성을 모으라 내가 그들에게 내 말을 들려주어 그들이 세상에 사는 날 동안 나를 경외함을 배우게 하며 그 자녀에게 가르치게 하리라 하시매(신 4:10).

21 | 빗나간 교육

한 때 우리사회를 떠들썩하게 했던 '지존파'라고 있다. 그 지존파의 대부가 법정에서 사형 선고를 받았다.

그 때 그 지존파의 대부는 옛날을 이렇게 회고했다. 17년 전 초등학교 시절에 학교 선생님에게 호된 꾸지람을 들었다.

"왜 너는 그림 그리는 걸 알면서도 크레용을 가져오지 않았느냐? 왜 번번이 가져오지 않았느냐? 무슨 정신이냐?"

아무리 나무래도 그는 말이 없었다. '너무 가난하고 가정 형편이 어려워서 못 가져 왔습니다.' 그 말을 하고 싶지 않았다. 선생님은 그가 반항하는 것처럼 생각해 그를 노려보면서 마구 때렸다. 때리면서 이런 말도 했다.

"이 녀석아 훔쳐서라도 가져와야 될 것 아니야! 준비물을 왜 안 가져오느냐?"

그 때부터 이 아이는 빗나갔다. 그래서 그는 사형장에서 최후 진술을 한다.

"초등학교 선생님의 그 한마디가 내 일생을 바꾸어 놓았습니다. 그때부터 훔쳤습니다. 도둑질을 배우고 즐겼습니다. 오늘의 내 운명이 이렇게 됐습니다."

아이들에게 무심히 내뱉는 한마디가 그 아이의 인생을 망치게 할 수 있고, 사회악으로 자라게 할 수도 있다.

예화와 관련된 말씀

도가니로 은을, 풀무로 금을, 칭찬으로 사람을 단련하느니라(잠 27:21).

내가 너희에게 이르노니 사람이 무슨 무익한 말을 하든지 심판 날에 이에 대하여 심문을 받으리니(마 12:36).

22 │ 자녀를 망가뜨리는 10가지 방법

다음과 같은 방법을 계속 유지한다면 우리의 아이는 망가져 있을 것이다.

1. 자녀가 사방에 흩어 놓은 물건들을 꼬박꼬박 치우라.
   이 아이는 커서도 모든 책임을 남에게 전가할 것이다.

2. 밥투정 옷투정 등 불평을 할 때는 모두 들어주라
   이기적인 사람으로 변할 것이다.

3. 자녀 앞에서 자주 부부싸움을 하라
   자녀는 결국 포악한 사람이 될 것이다.

4. 아이가 선생님을 욕할때는 맞장구를 치라.
   부정적인 사고를 지닐 것이다.

5. 잘못을 저질러도 대충 넘어가라
   나중에 더 큰 죄로 보답할 것이다.

6. 요구하는 것을 무엇이든지 들어주라.
   점점 목소리가 커질 것이다.

7. 종교교육을 시키지 말라.
 멋대로 살아 갈 것이다.

8. 늦게 귀가해도 무관심해라.
 방탕한 길로 빠질 것이다.

9. 자녀 앞에서 불평을 늘어놓으라.
 아이는 매사를 부정적으로 바라볼 것이다.

10. 항상 우울한 표정을 지으라.
 아이는 비관론자가 될 것이다.

 예화와 관련된 말씀

자녀이면 또한 상속자 곧 하나님의 상속자요 그리스도와 함께 한 상속자니 우리가 그와 함께 영광을 받기 위하여 고난도 함께 받아야 할 것이니라(롬 8:17).

23 | 컴백 홈(come back home)

스페인의 어느 작은 마을에 호르게라는 사람이 살고 있었다. 어느 날 밤 그는 사소한 문제로 자신의 어린 아들 파코를 심하게 나무랐다. 이튿날 아침 호르게는 그의 아들 파코의 침대가 텅 비어 있는 걸 발견했다. 아들이 가출을 해 버린 것이다.

크게 당황한 아버지 호르게는 후회하는 마음으로 아들을 찾아 사방으로 수소문하고 다녔지만 찾을 수가 없었다. 그는 자신의 아들이 이 세상의 어떤 것보다 소중하다는 사실을 깨달았지만 그의 아들 피코는 돌아오지 않았다.

그는 모든 것을 다시 시작하고 싶었다. 하지만 아무리 찾아도 아들 파코가 간 곳을 알 길이 없었다. 마침내 그는 시내 중심가의 유명한 상점으로 가서 그 앞에다 커다란 광고판을 써 붙였다. 그 광고판에는 다음과 같은 글이 쓰여져 있었다.

"파코, 이제 집으로 돌아와라. 난 널 사랑한다. 내일 아침 여기서 만나자. 아버지가."

다음날 아침 일찍 호르게는 그 상점 앞으로 갔다. 그런데 놀라운 것은 그곳에 파코라는 이름을 가진 소년이 일곱 명이나 나와 있었던 것이다. 그들 모두가 가출 소년들이었다. 그들 모두는 아버지가 부르는 사랑의 음성에 응답을 하여 그 곳에 왔던 것이다.

 예화와 관련된 말씀

그는 우리의 하나님이시요 우리는 그가 기르시는 백성이며 그의 손이 돌보시는 양이기 때문이라 너희가 오늘 그의 음성을 듣거든(시 95:7).

24 | 자녀의 영웅

미국 프로야구 홈런 왕 마크 맥과이어는 '고난의 강'을 건너 영웅이 된 인물이다.

그는 1993년 허리와 발목 부상을 입었고, 그 후 3년 동안 치료를 받았음에도 불구하고 제대로 스윙도 할 수 없게 되자 고심끝에 은퇴를 결심했다.

그때 그를 다시 일으켜 세운 것은 다름 아닌 사랑하는 아들 매튜였다.

맥과이어는 자신을 영웅처럼 따르는 아들에게 실망을 주고 싶지 않았다. 그래서 다시 배트를 움켜쥐었다. 꾸준한 치료와 피나는 연습 끝에 맥과이어가 49호 홈런을 날려 '신인왕 최초 50홈런'이라는 대기록을 눈앞에 두게 되었다.

맥과이어 아들 매튜는 바로 그때 태어났다.

맥과이어는 "50홈런은 언제든지 칠 수 있습니다. 그러나 아이가 태어나는 것은 오늘 뿐입니다."라면서 경기를 포기하고 병원으로 향했다.

맥과이어는 지금도 학대받는 어린이들을 위해 매년 1백만 달러를 기부하고 있다.

그는 이 땅의 아버지들을 향해 이렇게 말한다.
"아버지들이여, 여러분들이 자녀의 영웅이 되십시오."
그가 던지는 메시지를 다시 한 번 깊이 생각하게 된다.

 예화와 관련된 말씀

손자는 노인의 면류관이요 아비는 자식의 영화니라(잠 17:6).

의인의 아비는 크게 즐거울 것이요 지혜로운 자식을 낳은 자는 그로 말미암아 즐거울 것이니라(잠 23:24).

25 | 인생을 살아갈 무기를 선물하라

빌 게이츠는 성장하면서 가장 닮고 싶은 인물로 '부모님'을 꼽았다. 그의 아버지 윌리엄 게이츠는 시애틀에서 법률회사를 경영하는 변호사이다. 시애틀 은행가의 딸인 그의 어머니 메리 게이츠는 자선사업가로 사교계에서 폭넓은 인간관계를 맺으며 자선단체 회장을 역임했다. 게이츠 부부는 빌 게이츠를 어떻게 키웠을까.

윌리엄 게이츠는 19세기의 철강왕인 앤드류 카네기의 경구를 교육의 신조로 삼는다.

"자녀에게 엄청난 재산을 물려주는 부모는 자녀의 재능과 에너지를 죽이는 것이다. 재산을 물려주지 않는다면 자녀들은 더 유용하고 더 가치 있는 삶을 영위할 기회를 누릴 수 있을 것이다."

윌리엄 게이츠는 이미 자신의 아버지 세대 때부터 배워온 가르침을 아들 빌 게이츠에게 실천했다. 그리고 무엇보다 윌리엄 게이츠 부부는 사회활동을 하면서 겪은 일들을 자식들에게 고스란히 전해주어 부모가 어떻게 생활하고 있는지, 사회는 어떤 조직인지, 비즈니스란 어떤 것인지를 어릴 때부터 교육받았다.

컴퓨터의 제왕으로 통하는 빌 게이츠가 한 말 중 유명한 말이 있다.

"내 아이들에게 당연히 컴퓨터를 사줄 것이다. 하지만 그보다 먼저 책을 사줄 것이다."

윌리엄 게이츠는 책을 가깝게 여기고 독서광이 되도록 이끌어주었다. 그리고 책을 읽고 나면 다양한 토론을 자연스럽게 이어나가도록 했다. 어릴 때부터 훈련되는 책읽기는 단순히 정보 습득의 차원이 아니라 집중력을 길러주는 방식의 일환이 되었던 것이다.

게이츠 부부는 바쁘다고 자녀들과의 대화를 거르거나 무심하지 않았다. 매년 가족 단위의 휴가를 기획했고 가족이 모여 선의의 경쟁을 즐길 수 있는 게임과 작은 성공의 기쁨들을 맛보게 해주었다.

예화와 관련된 말씀

의인의 입술은 여러 사람을 교육하나 미련한 자는 지식이 없어 죽느니라(잠 10:21).